MARCO POLO
SÜDTIROL

Reisen mit Insider-Tips

*Diese Tips sind die ganz speziellen
Empfehlungen un[...]
Sie sind im Text [...]*

*Fünf Symbole sollen Ihnen
die Orientierung in diesem Führer erleichtern:*

für Marco Polo Tips – die besten in jeder Kategorie

für alle Objekte, bei denen Sie auch eine schöne Aussicht haben

für Plätze, wo Sie bestimmt viele Einheimische treffen

für Treffpunkte für junge Leute

(100/A1)
Seitenzahlen und Koordinaten für den Reiseatlas Südtirol

*Diesen Führer schrieb Inga Hosp.
Sie lebt in Südtirol und schrieb zwei Bücher
über das Land.*

*Die Marco Polo Reihe wird herausgegeben
von Ferdinand Ranft.*

Die aktuellsten Insider-Tips finden Sie im Internet unter http://www.marco-polo.de

MAIRS GEOGRAPHISCHER VERLAG

MARCO ⊕ POLO

Für Ihre nächste Reise gibt es folgende Titel dieser Reihe:

Ägypten • Alaska • Algarve • Allgäu • Amrum/Föhr • Amsterdam • Andalusien • Antarktis • Argentinien/Buenos Aires • Athen • Australien • Azoren • Bahamas • Bali/Lombok • Baltikum • Bangkok • Barbados • Barcelona • Bayerischer Wald • Berlin • Berner Oberland • Bodensee • Bornholm • Brasilien/Rio • Bretagne • Brüssel • Budapest • Bulgarien • Burgenland • Burgund • Capri • Chalkidiki • Chiemgau/Berchtesgaden • Chile • China • Costa Blanca • Costa Brava • Costa del Sol/Granada • Costa Rica • Côte d'Azur • Dalmatinische Küste • Dänemark • Disneyland Paris • Dolomiten • Dominikanische Republik • Dresden • Dubai/Emirate/Oman • Ecuador/Galapagos • Eifel • Elba • Elsaß • Emilia-Romagna • England • Erzgebirge/Vogtland • Feuerland/Patagonien • Finnland • Flandern • Florenz • Florida • Franken • Frankfurt • Frankreich • Französische Atlantikküste • Fuerteventura • Galicien/Nordwest-Spanien • Gardasee • Golf von Neapel • Gran Canaria • Griechenland • Griechische Inseln/Ägäis • Hamburg • Harz • Hawaii • Heidelberg • Holland • Holländische Küste • Hongkong • Ibiza/Formentera • Indien • Ionische Inseln • Irland • Ischia • Island • Israel • Istanbul • Istrien • Italien • Italien Nord • Italien Süd • Ital. Adria • Ital. Riviera • Jamaika • Japan • Java/Sumatra • Jemen • Jerusalem • Jordanien • Kalifornien • Kanada • Kanada Ost • Kanada West • Kanalinseln • Karibik I • Karibik II • Kärnten • Kenia • Köln • Königsberg/Ostpreußen Nord • Kopenhagen • Korsika • Kos • Kreta • Krim/Schwarzmeerküste • Kuba • Languedoc-Roussillon • Lanzarote • La Palma • Leipzig • Libanon • Lissabon • Lofoten • Loire-Tal • London • Lüneburger Heide • Luxemburg • Macau • Madagaskar • Madeira • Madrid • Mailand/Lombardei • Malaysia • Malediven • Mallorca • Malta • Mark Brandenburg • Marokko • Masurische Seen • Mauritius • Mecklenburger Seenplatte • Menorca • Mexiko • Mosel • Moskau • München • Namibia • Nepal • Neuseeland • New York • Nordseeküste: Schleswig-Holstein • Normandie • Norwegen • Oberbayern • Oberitalienische Seen • Oberschwaben • Österreich • Ostfriesische Inseln • Ostseeküste: Mecklenburg-Vorpommern • Ostseeküste: Schleswig-Holstein • Paris • Peking • Peloponnes • Peru/Bolivien • Pfalz • Philippinen • Phuket • Piemont/Turin • Polen • Portugal • Potsdam • Prag • Provence • Rhodos • Riesengebirge • Rocky Mountains • Rom • Rügen • Rumänien • Rußland • Salzburg/Salzkammergut • Samos • San Francisco • Sardinien • Schottland • Schwarzwald • Schweden • Schweiz • Seychellen • Singapur • Sizilien • Slowakei • Spanien • Spreewald/Lausitz • Sri Lanka • Steiermark • Sankt Petersburg • Südafrika • Südamerika • Südengland • Südkorea • Südsee • Südtirol • Sylt • Syrien • Taiwan • Teneriffa • Tessin • Thailand • Thüringen • Tirol • Tokio • Toskana • Tschechien • Tunesien • Türkei • Türkische Mittelmeerküste • Umbrien • Ungarn • USA • USA: Neuengland • USA Ost • USA Südstaaten • USA Südwest • USA West • Usedom • Venedig • Venetien/Friaul • Venezuela • Vietnam • Wales • Die Wartburg/Eisenach und Umgebung • Weimar • Wien • Zürich • Zypern • Die besten Weine in Deutschland • Die 30 tollsten Ziele in Europa • Die tollsten Hotels in Deutschland • Die tollsten Musicals in Deutschland • Die tollsten Restaurants in Deutschland

Die Marco Polo Redaktion freut sich, wenn Sie ihr schreiben: Marco Polo Redaktion, Mairs Geographischer Verlag, Postfach 31 51, D-73751 Ostfildern

Unsere Autoren haben nach bestem Wissen recherchiert. Trotzdem schleichen sich manchmal Fehler ein, für die der Verlag keine Haftung übernehmen kann.

Titelbild: Schloß Lebenberg (T. Widmann)
Fotos: G. Jung (28), Ihle (60); K. Kallabis (23, 71); Landesverkehrsamt Bozen: Fuchs-Hauffen (65), Furtner (12); LVA Südtirol: Sperber (82); M. Thomas (48, 66); Mauritius: Frass (55), Hubatka (36, 99), Pigneter (76), Plomer (8), Tappeiner (15), Thonig (39); Touristik-Marketing (4); T. Widmann (20, 26, 32, 70, 74, 79, 89)

7., aktualisierte Auflage 1999/2000
© Mairs Geographischer Verlag, Ostfildern
Chefredakteurin: Marion Zorn
Lektorat: Andrea Sach
Kartographie Reiseatlas: © Mairs Geographischer Verlag
Gestaltung: Thienhaus/Wippermann (Büro Hamburg)
Sprachführer: in Zusammenarbeit mit Ernst Klett Verlag für Wissen und Bildung GmbH,
Redaktion PONS Wörterbücher

Das Werk einschließlich aller seiner Teile ist urheberrechtlich geschützt. Jede urheberrechtsrelevante Verwertung ist ohne Zustimmung des Verlages unzulässig und strafbar. Das gilt insbesondere für Vervielfältigungen, Übersetzungen, Nachahmungen, Mikroverfilmungen und die Einspeicherung und Verarbeitung in elektronischen Systemen.

Printed in Germany
Gedruckt auf 100% chlorfrei gebleichtem Papier

INHALT

Auftakt: Entdecken Sie Südtirol! 5
*Zwischen Bruneck, Brixen, Bozen und Meran: das Land
im Gebirge mit vielseitigen Tallandschaften und bizarren
Bergformationen*

Geschichtstabelle 6

Südtirol-Stichworte: Mundarten und Wanderlust 13
*Hier werden historisch wie aktuell interessante und kulturell
wie politisch bedeutsame Seiten Südtirols erschlossen*

Essen & Trinken: Viel mehr als nur Knödel und Speck 21
*Die Südtiroler Küche hat bodenständigen Einschlag und
italienische Eleganz*

Einkaufen & Souvenirs: Kunsthandwerk und Lukullisches 25
*Das Handwerk hat eine reiche, gutgehütete Tradition.
Südtirol ist aber kein Billigland*

Südtirol-Kalender: Kein Monat ohne Höhepunkt 29
Feste und Bräuche christlichen und anderen Ursprungs

Eisacktal: Vom Brenner über Sterzing bis Bozen 33
*Die oft verkannte Region bietet kulturelle und natürliche
Fülle jenseits der touristischen Anziehungspunkte*

Pustertal: Alpenkamm und Sextener Dolomiten 49
*Die gebirgsnahe Lage macht das Pustertal im Sommer und
Winter zu einem beliebten Feriengebiet*

Ladinien: Skulpturen in Fels und Holz 61
*Die in Ladinien geschaffenen Holzschnitzereien genießen
seit langem Weltruf*

**Etschtal, Überetsch und Unterland:
Der fruchtbare Süden von Südtirol** 67
*Die Weindörfer Terlan, Kaltern und Tramin versprechen
exquisiten Weingenuß*

**Meran und das Burggrafenamt:
Meran ist das Zentrum Südtirols** 75
*Die Kurstadt glänzt mit Thermalbädern und einem
renommierten gesellschaftlichen Leben*

Vinschgau: Mildes Klima und südländische Flora 83
*Weite Teile der Region sind im Herbst ein wahres
Obstparadies*

Routen in Südtirol 91

Praktische Hinweise: Von Auskunft bis Zoll 95

Warnung: Bloß nicht! 98

Reiseatlas Südtirol 99

Register 119

Was bekomme ich für mein Geld? 120

AUFTAKT

Entdecken Sie Südtirol!

*Zwischen Bruneck, Brixen, Bozen und Meran:
das Land im Gebirge mit vielseitigen Tallandschaften und
bizarren Bergformationen*

Rein statistisch gesehen ist die Wahrscheinlichkeit, noch nie in Südtirol gewesen zu sein, relativ gering – jedenfalls bei Italienurlaubern. Und wer wäre das nicht irgendwann gewesen oder wäre es noch?

Da die meisten Italienurlauber aus dem deutschsprachigen Raum von Norden mit dem Auto kommen, und weil sie ihren Urlaubsartikel »Sonne und Meer« möglichst rasch konsumieren wollen, benützen sie meist die Autobahn und bemerken Südtirol allenfalls an den zweisprachigen Hinweistafeln auf der einstündigen Fahrt von der österreichisch-italienischen Staatsgrenze am Brenner bergab bis zur Landesgrenze bei Salurn südlich von Bozen. Das war's dann auch schon. Durchgefahren, durchgerauscht – ja, aber...

Aber Südtirol wäre auch zu entdecken. Nicht von der Autobahn aus. Die ist nur eine Rampe am Verkehrsschlund des Eisacktals entlang.

Kämen Sie beispielsweise von Osten vom österreichischen Osttirol und würden bei Winnebach die Grenze passieren und Südtirol im äußersten Nordwesten über den Reschenpaß in Richtung Österreich oder bei Taufers im Münstertal in Richtung Schweiz/Engadin wieder verlassen, wären Sie gut und gern vier bis fünf Stunden unterwegs und würden immerhin die vier größten Städte Südtirols berühren – Bruneck, Brixen, die Landeshauptstadt Bozen und Meran – und die drei wichtigsten Haupttäler durchfahren: Pustertal, Eisacktal und Etschtal.

Entdeckt hätten Sie freilich, wie das auf Durchgangsstraßen eben so ist, immer noch nicht sehr viel, aber Sie hätten doch erfahren, daß Südtirol ein »Land im Gebirge« ist (früher hieß es sogar so). Ein kleines Gebirgsland überdies mit kleinen Städten (die größte, Bozen, hat knapp 100 000 Einwohner), ein Durchreiseland für den alpenüberschreitenden Verkehr – und entdeckt hätten Sie ferner, daß Süd-

*Bozens schönste Dekoration, das
Rosengartenmassiv, gesehen vom
Kongreßzentrum Schloß Maretsch*

Geschichtstabelle

Vor 8000 v. Chr.
Späteiszeitliche Gerätefunde

Ca. 3800–2500 v. Chr.
Siedlungsspuren in mittleren Höhen; Permafrostmumie vom Hauslabjoch/Schnals, entdeckt 1991 in fast 3000 m Höhe

2. Jtsd. v. Chr.
Megalithische Steinmonumente (Gräber, Menhire)

Ca. 1800–800 v. Chr.
Bronzezeit. Zahlreiche Funde aus Pfahlbausiedlungen

Ca. 800 bis Christi Geburt
Eisenzeit. Schriftfunde, Gräberfeld von Pfatten-Stadlhof

Um 150 v. Chr.
Erste Kontakte der Bewohner im Tiroler Raum mit den Römern

15 v. Chr.–40 n. Chr.
Besetzung des Tiroler Raums durch Drusus (Pons Drusi bei Bozen) und Tiberius

Ab 3. Jh.
Einfälle germanischer Stammesgruppen. Um 500 kurze ostgotische Herrschaft

Ca. 560–788
Eingliederung ins karolingische Reich

Um 1000
Heiliges Römisches Reich: Das »Land im Gebirge« als wichtige Paßlandschaft ist Teil des Herzogtums Bayern

11. und 12. Jh.
Adelsgeschlechter, besonders die Grafen von Tirol, setzen sich durch. Landeshauptstadt Meran

14.–16. Jh.
Durch Erbschenkung (1363) kommt Tirol an Habsburg

1805
Abtretung Tirols an Bayern

1809
Volkserhebung unter Führung von Andreas Hofer

1813
Vereinigung mit Österreich

1914–1918
Erster Weltkrieg: Italien erst neutral, dann gegen Österreich. Südtirol wird Italien versprochen

1919
Im Frieden von St-Germain Abtrennung Tirols südlich des Brenners von Österreich und Angliederung an Italien

Ab 1923
Südtirol mit dem Trentino vereinigt. Faschistische Assimilierungs- und Italianisierungspolitik

1943
Südtirol wird von deutschen Truppen besetzt

1948
Erstes Autonomiestatut für die Region Trentino-Südtirol

1969–1972
Verhandlungen zwischen Italien und Österreich führen zum »Paket« autonomer Zuständigkeiten für Südtirol

1992
Der »Südtirolkonflikt« wird als beigelegt, der Autonomiestatus offiziell als vollzogen erklärt

AUFTAKT

tirol ein Urlaubsland ist, denn Sie hätten auf den Straßen sicher »Landsleute« gesehen, wo immer Sie zu Hause sind: in Deutschland, in Österreich, der Schweiz, in Italien, Frankreich, Holland, Dänemark und wo noch all die Urlauber herkommen, die (zur Zeit mit mindestens drei Millionen Ankünften pro Jahr) nach Südtirol kommen und im Schnitt eine gute Woche bleiben.

Das muß Sie nicht erschrecken. Denn erstens ist Südtirol ein Urlaubsland für fast das ganze Jahr. Nur im November, Dezember und Januar (ausgenommen die Weihnachtsferien) können die Gastgeber selbst Urlaub machen. So verteilen sich die vielen Gäste auf den langen Zeitraum vom Vorfrühling bis in den spätesten Herbst hinein und durch den Schneewinter hindurch. Und zweitens ist Südtirol vor allem ein Urlaubsland abseits der großen Verkehrstäler, so daß sich die Urlauber auch räumlich auf der insgesamt 7400 qkm großen Landesfläche recht gut verteilen können. Ein Argument, das um so mehr zählt, wenn man zwei weitere Überlegungen dazunimmt: 85 Prozent der Bodenfläche Südtirols liegen über 1000 m hoch, und Südtirol liegt insgesamt am Südabhang der Alpen, was auch in den mittleren und höheren Lagen ein milderes Klima bedeutet als auf der Nordseite des Alpenhauptkamms.

Wo Weinbau bis zur 1000-m-Marke und Getreideanbau fast bis auf 2000 m hinauf betrieben werden kann, ist die Landschaft auch für jene Urlauber »geeignet«, die keine alpinen Interessen haben, aber dafür im Gehen und Schauen ein Land genießen mögen, in dem sie zwar (noch) in fremder Währung zahlen, aber in eigener Sprache reden können – zumindest gilt dies für die Besucher aus dem deutschen Sprachgebiet. Italiener haben es in Südtirol noch leichter. Und was für diese Bequemlichkeit ist, bedeutet für jene oft einen zusätzlichen Reiz: im Ausland sein, aber sich nicht fremd fühlen.

Zwei Grenzen hat man womöglich auf der Anreise passiert und braucht sich doch mit keiner Fremdsprache abzuplagen, es sei denn, man legte es darauf an, in der Bozner Boutique oder beim Salamihändler auf italienisch einzukaufen, und selbst dann würde man noch jenes sprachliche Entgegenkommen feststellen, das Italienern beim Umgang mit deutschsprachigen Touristen schon ins Erbgut übergegangen zu sein scheint. Das »Man spricht deutsch« muß daher in Südtirol nicht auf der Extratafel vor die Tür gehängt werden, es ist vielmehr ganz offiziell präsent, genauso wie das »Man spricht italienisch« und in Gröden und im Gadertal zusätzlich noch das »Man spricht ladinisch«.

Für sehr viele Italiener außerhalb der Provinz Bozen war und ist Südtirol aber immer noch ein exotisches Musterland oder eine »barbarische« Enklave. Und wie präsentiert sich Südtirol dem »Normal-Urlauber« (gäbe es ihn denn), dem/der normal neugierigen, auf Erholung und Anregung bedachten Reisenden?

Zunächst: als kleines Land mit viel »Fülle«, was bedeutet, daß man – horizontal wie vertikal – die ganze Landschaftsvielfalt auf kurzen Strecken beisammen hat: von der Ebene des großen Obstgartens Etschtal über gewellte Mittelgebirgsterrassen mit Bergdörfern und Wäldern, über steile Talflanken mit sich auf grünen Inseln festklammernden Einzelhöfen bis in die Einsamkeit der Fels- und Eisregionen in den Dolomiten und um den fast 4000 m hohen Ortler herum. Was weiter bedeutet, daß Südtirol auch in Klima und Vegetation ungewöhnlich viel Abwechslung bietet. Da es am Südrand der Alpen liegt und zugleich von Gebirgssträngen durchzogen ist wie die Sehnen einer Hand, gibt es relativ hohe Temperaturen und geringe Niederschläge.

Die hohen Berge des Alpenhauptkamms im Norden und der Dolomiten und der Ortlergruppe mit ihren Ausläufern im Süden halten einerseits Kaltluftströmungen ab, andererseits erhöhen dynamische Wirkungen nördlicher und südlicher Fallwinde Sonnenscheindauer und -intensität. Was die Klimatologen eine »positive thermische Anomalie« nennen, beschert dem kleinen Südtirol eine ganze Handvoll europäischer Klimatypen, vom insubrischen (der dem Mittelmeerklima schon recht nahe kommt mit milden Wintern und einem Jahresdurchschnitt von mehr als zehn Grad) über die verschiedenen mitteleuropäischen bis zum alpinen Typ.

Entsprechend bunt ist die Vegetation, die sich unter dem südlichen Klimaeinfluß besonders in den trockenen Buschwäldern der unteren Hänge mit Exotischem schmückt: Flaumeiche, Hopfenbuche, Mannaesche, Mäusedorn, Blasenstrauch.

Nicht zu vergessen die vielen bizarren Baumskulpturen der Edelkastanien auf den Mittelgebirgsterrassen des unteren Eisack- und mittleren Etschtals, die übrigens als Nutzbäume kultiviert werden, weshalb die Bauern es nicht sehr gern sehen, wenn Urlauber, im irrigen Glauben, alles vom Baum Gefallene könne als Beutegut gelten, sich im Herbst beutelweise mit Edelkastanien versorgen. Gleiches gilt für Äpfel und Trauben, die in Südtirol freilich so verlockend an niederstämmigen Bäumen und in den Lauben der Wein-»Pergln« hängen, daß sich mancher in einem Selbstbedienungsparadies dünkt.

Allerdings ist gerade durch die Dominanz der Obstkulturen auf der Etschtalsohle einiges an Pflanzenvielfalt verlorengegangen. Die Flußregulierung und die intensive landwirtschaftliche Nutzung haben vor allem die früher ausgedehnten Auwälder

Der Muter Weg oberhalb Dorf Tirol mit Blick ins Passeiertal

AUFTAKT

bis auf einige Restbiotope im Vinschgau und bei Meran verschwinden lassen.

Während einer Fahrt durchs Etschtal etwa zwischen Bozen und Meran zur Blütezeit – am schönsten auf einer Fahrradtour – wird man diesen Zug zur Monotonie am wenigsten als Mangel empfinden. Gesetzt den Fall, man unternähme eine solche Fahrt noch dazu am Morgen nach einer Frostnacht, dann wäre die Monokultur plötzlich ein riesiger Märchengarten aus Kristall, denn die Frostschutzberegnung umgibt im Gefahrfall die Blüten mit gläsernen Hüllen aus Eis.

Märchengärten anderer Art hat in Südtirol die Natur geschaffen. Der komplizierte Gesteinsaufbau des Gebirgslandes gibt nüchterne Erklärungen ab für Phänomene wie die Rotfärbung der »bleichen« Dolomitberge im Sonnenuntergang, für die bizarren Versammlungen der Erdpyramiden am Ritten oder die Eislöcher am Fuß des Gantkofels.

Das Schieben, Falten und Ablagern, das die Gebirge Südtirols gebildet, das Schleifen, Abschwemmen und Verwittern, das sie geformt und gefurcht hat, macht Südtirol für den, der diese Zeichen zu lesen versteht, zu einem Lesebuch der Erdgeschichte, für den, der lieber nur schaut und staunt, zu einer ungemein dicht gefältelten und gemusterten Gebirgslandschaft – und schließlich für denjenigen, der Geschichten liebt, zum »sagenhaften« Land. Dort ist ein Felsmassiv der Ort, wo der besiegte Zwergenkönig Laurin seinen herrlichen Rosengarten, der ihn den fremden Rittern verraten hatte, zu Stein verzauberte, damit die Rosen nicht mehr gesehen werden können bei Tag und Nacht. Nur die Dämmerung hat er vergessen, und so leuchtet der verzauberte Felsengarten heute noch rot in der untergehenden Sonne ...

Aus allem bisher Gesagten möge hervorgehen, daß Südtirol ein Urlaubsland für Neugierige ist. Neugierig auf Land und Leute, meine ich. Wer nur an einem bestimmten »technischen« Urlaubsangebot interessiert ist – Skifahren, Surfen, Golfen fallen mir ein –, kann sich natürlich auch in Südtirol darauf versteifen, aber was ihm entgeht, ist das reizvolle Gesamtprofil eines Landes, in dem es unter dem folkloristischen Aufputz des »Original«-Tirolischen eine faszinierende, von vielen Einflüssen durchzogene und gestaltete Kulturgeschichte zu entdecken gibt.

Von den frühesten Spuren zwischeneiszeitlicher Nomaden über die zugleich seß- und rätselhafte rätische Urbevölkerung vor etwa 4000 Jahren, über die Reste der römischen Zivilisation, die Wellen gotischer, fränkischer, langobardischer und schließlich bajuwarischer Eroberungen, über 600 Jahre österreichischer Herrschaft bis zur Vereinnahmung durch Italien vor 80 Jahren reicht der geschichtliche Bogen. Wer diesen Einflüssen nachzuspüren Lust hat, wird in Südtirol reich belohnt: mit lebendig strukturierten Anschauungsbildern aus all den Epochen. Und man muß seine Neugier nicht über Vermittler stillen, sondern kann fast alles (mit Ausnahme natürlich von extremen Kletter- oder Eistouren) auf eigene Faust unternehmen.

Wahrscheinlich ist Südtirol eine der am besten erkundeten Landschaften der Welt. Kaum ein Thema, das nicht in Wort und Bild dargestellt, aufbereitet wäre, kaum ein Kunstdenkmal ohne Broschüre, kaum ein Weg ohne Beschreibung. Man darf also Individualist sein, wenn man sich aufmacht, Südtirol zu entdecken, und man wird um so mehr Freude daran haben, wenn man sich seine Ausflugsprogramme selbst zusammenstellt – was mit dem MARCO POLO Reiseführer natürlich besonders leicht ist.

Dabei kann man sich an den Haupttälern leicht orientieren:
– Eisacktal: vom Brenner bis zur Mündung des Eisacks in die Etsch;
– Pustertal: von Winnebach an Drau und Rienz entlang bis in die Gegend von Brixen;
– Ladinien, das über seine Sprache definiert ist, mit Gröden und Gadertal;
– Etschtal: vom Reschen durch den Vinschgau herab bis in die Meraner Gegend, das Burggrafenamt, an Bozen vorbei und hinunter bis zur Salurner Klause.

Den Haupttälern wird man immer wieder ein Stück folgen, aber erst das Geäder der Seitentäler bringt die eigentliche Lust am Entdecken, und schließlich hält die Landesgestalt viele Aussichtsplattformen bereit, jene Mittelgebirgsterrassen (etwa Ritten, Tschögglberg, Regglberg oder die Schlerngegend), die die Bedürfnisse des blickgierigen Urlaubers befriedigen.

Für alles, was es in Südtirol zu »erfahren« gibt, sei Leuten, die den eigenen fahrbaren Untersatz für unverzichtbar halten, ein Ratschlag mitgegeben: Vergessen Sie Ihr Auto während des Urlaubs möglichst oft! Das öffentliche Verkehrsnetz in Südtirol ist erfreulich dicht und inzwischen auch recht gut abgestimmt. Die Bahn fährt z. B. zwischen Bozen und Meran im Stundentakt. Neben den Eisenbahnstrecken durchs Eisack-, Puster- und Etschtal gibt es Busse in jedes Tal und fast jedes Dorf.

Auch darin spiegelt sich die bedeutendste gesellschaftliche Umschichtung wider, die Südtirol in diesem Jahrhundert – neben der Verfünfzehnfachung des italienischsprachigen Bevölkerungsanteils – erlebt hat: die Verlagerung von Arbeitskräften aus der Landwirtschaft in andere Berufssparten. Wohlgemerkt: Nicht die landwirtschaftliche Produktion an sich ist zurückgegangen, nur die Zahl der in diesem Sektor Beschäftigten; heute sind es nicht einmal mehr 15 Prozent. Zwei Drittel aller unselbständig Erwerbstätigen in Südtirol arbeiten im Dienstleistungsbereich, pendeln von ihren Dörfern in Hauptorte oder Städte und tun dies vielfach per Bus.

Die Busse im Tarifverbund der SAD sind komfortabel und pünktlich, die Fahrpreise moderat (besonders günstig: Wertspeicherkarten), und der Gesprächskontakt zu den einheimischen Fahrgästen ist leicht hergestellt. Im Zuhören erfährt man, was die Menschen bewegt, und wenn man die Ohren spitzt, lernt man nebenbei noch, die mundartlichen Färbungen der einzelnen Tallandschaften zu unterscheiden.

AUFTAKT

Was also sollte den Urlauber, der Südtirol wirklich entdecken will, daran hindern, sich morgens nach dem Buffetfrühstück mal nicht ins Auto zu setzen, sondern in den Zug oder Bus? Hat man nicht den ganzen Tag Zeit für den Ausflug? Und hat man sich nicht vorgenommen, sich gerade in diesem Urlaub weit entfernt zu halten von allen Streßfaktoren? Wollte man nicht den Erlebnisurlaub fernab vom Gewohnten und Alltäglichen?

Bei Ausflügen zu Zielen außerhalb Südtirols begreift man gut, wie sich Details, die sich zunächst als Südtiroler Sonderheiten darstellen, in ein größeres Netz von Gemeinsamkeiten einpassen. Die alten Nachbarschaften zum Trentino, nach Graubünden hinüber, vom Friulanischen her und natürlich auch aus dem bayerisch-schwäbischen Raum, wirken vor allem in Kunst und Kultur noch in vielen Zeugnissen nach.

Ob man nun Haus- und Siedlungsformen vergleicht oder künstlerische Motive und Gestaltungsmerkmale, Mundarten oder Lebensgewohnheiten: Man wird besser begreifen lernen, daß Südtirol nicht nur »deutsch«, »österreichisch« oder »italienisch« geprägt ist, sondern vor allem von diesem älteren, »mitteleuropäischen« Beziehungsnetz, und daß, wer seine »Seele« ahnen will, sich nicht auf heutige politische Grenzen oder andere vordergründige Festschreibungen fixieren (lassen) sollte.

Viel hat sich in Südtirol in den letzten 20, 25 Jahren sehr stark verändert, zum Besseren wie zum Schlimmeren. Es ist »erschlossen« worden, was vielen nützt und manchen Schaden bringt. Straßen, Wege, Lifte: Den Dörfern bieten sie ihre Chance, den Bergbauern sichern sie das Überleben, den Gästen bieten sie ihren Komfort. Daß diese Rechnung nicht immer aufgeht, zeigen die Debatten um die Grenzen des Wachstums, die auch in und über Südtirol geführt werden.

Transit: Freizügigkeit bis zum Verkehrsinfarkt auf der Brennerroute. Bauboom: Dörfer verlieren unter alpenländischer Kosmetik ihr Gesicht, neue Infrastrukturen treiben Gemeinden in Schulden, Folgelasten verlängern die Spirale. Fortschritt ist um so dubioser, wo er zertritt, was er zu verbessern angetreten war, und das gilt um so mehr für Südtirols Landschaft, die so mikrokosmisch strukturiert und daher so besonders verletzlich ist, überdies als Berglandschaft der menschlichen Sehperspektive ihre Wunden viel deutlicher zeigt als das Flachland.

Das Bewußtsein dieser Gefährdungen, die übrigens, soweit sie vom Fremdenverkehr mitverschuldet sind, diesem zugleich wieder schaden, wächst gottlob auch bei den Südtirolern selbst. Das fördert die Einsicht, daß ein Land, das so viele »treue«, also beständige Gäste hat, die Voraussetzungen dieser Treue auch zu hüten habe.

Die hochberühmte und altbewährte Südtiroler Gastlichkeit, die als landestypische Charaktereigenschaft in allen Reisehandbüchern beschrieben und beschworen wird, könnte so am besten einen neuen sinnvollen Inhalt für die kommenden Jahre erhalten.

STICHWORTE

Mundarten und Wanderlust

Hier werden historisch wie aktuell interessante und kulturell wie politisch bedeutsame Seiten Südtirols erschlossen

Autonome Provinz Bozen

Die verwaltungssprachliche Bezeichnung für das Land Südtirol (7400 qkm) kennzeichnet den politischen Sonderstatus der Provinz Bozen innerhalb der Provinzen Italiens, der mit einem Bündel autonomer Zuständigkeiten festgeschrieben ist. Ziel der Landesautonomie ist die Erhaltung von Sprache, Kultur und Eigenart der deutsch- und ladinischsprachigen Bewohner der Provinz Bozen (ca. 290 000 beziehungsweise 18 000; dazu etwa 117 000 Italiener).

Das lokale Parlament ist der Landtag in Bozen. Die lokale Regierung ist der Landesausschuß. Regierungschef: Landeshauptmann. Regierungsmitglieder: Landesräte.

Mit der benachbarten Provinz Trient ist Südtirol in der Region Trentino-Südtirol zusammengeschlossen.

Trotz ihrer vielfachen Entfremdung für Touristikinteressen wird die Folklore in Südtirol immer noch bewußt gepflegt. Das Foto zeigt reich ausgestattete Trachten aus Gröden

Bar

Im lokalen Sprachgebrauch ein Lokal, wo man – meist rasch und vorwiegend im Stehen – Kaffee oder andere Getränke, vielleicht auch einen kleinen Imbiß, zu sich nimmt. Mindestens ebenso wichtig ist die Bar jedoch als Nachrichtenbörse, in der Stadt nicht anders wie auf dem Land, wo sich vor allem die männlichen Kirchgänger nach der Sonntagsmesse vollzählig an die Theken der örtlichen Bars und Gasthäuser verlagern.

Bauernspeck

Räucherfleisch. Hauptstück der Südtiroler Marende (Brotzeit, Jause). Immer vom Schwein, nicht immer von bodenständigen, nie *vom* Bauern, aber besonders köstlich *beim* Bauern. Gepökelt (gesurt) und geräuchert (geselcht) wird Südtiroler Speck aber auch qualitätskontrolliert von zahlreichen Spezialbetrieben hergestellt; nahezu lückenlos ist die Vermarktung im Land und außerhalb. Anmerkung: Exzessive Cholesterinzufuhr durch Speckgenuß läßt sich durch den Verzehr einiger der jährlich 600 000 Tonnen Südtiroler Äpfel wieder ausgleichen.

Bergbau

Der Erzreichtum ganz Tirols war im Mittelalter sprichwörtlich und hat Geschichte und Baubestand in Südtirol bis ins 17. Jh. wesentlich mitgeprägt. Zehntausende von Knappen haben in den besten Zeiten des »Bergsegens« Silber, Kupfer, Blei, Zink und anderes abgebaut. Zwei wichtige Zentren waren im Raum Sterzing und im Ahrntal. Was dort von den Bergwerksanlagen übriggeblieben ist, wurde letzthin zum Bergwerksmuseum mit Schwerpunkten in Sterzing, am Schneeberg und bei Prettau umgestaltet.

Bischöfe

Sie spielten etwa seit dem Jahre 1000 in Südtirol eine besondere Rolle, da sie zur Sicherung der wichtigsten Verkehrswege über die Alpen von den Kaisern die Grafschaften in den Tiroler Haupttälern erhielten.

Brixen etwa (Bischofssitz bis 1964) wurde so für Jahrhunderte ein Machtzentrum im Herzen der Alpen. Nur so sind die herrschaftlichen Gesten der Prachtentfaltung im Bezirk um Dom und Hofburg zu verstehen, die Brixen den anderen Südtiroler Städten voraus hat.

Burgen

Über 350 Burgen, Schlösser und Ansitze hat Südtirol, von trutzig bis heiter, viele bewirten und beherbergen Gäste, viele sind zu besichtigen.

Entstanden sind die meisten davon unter dem Einfluß regionaler Herrschaftsansprüche, so etwa durch Belehnung örtlicher Grafen oder Freiherren von seiten der Bischöfe. Die Lehensträger bauten sich Burgen, Dienstleute siedelten sich in der Umgebung der Herrensitze an.

Schutz von Talzugängen oder Siedlungen im Mittelgebirge: die eine Aufgabe der Burgen; die andere: zu repräsentieren, zu zeigen, wer man war und was man hatte – künstlerische Dekoration inklusive.

Carabinieri

Waffengattung des italienischen Heeres, früher mit kurzem Gewehr (Karabiner). Versehen auch in Südtirol den Polizeidienst. Außer ihnen tun das Einheiten der eigentlichen Polizei (in Bozen), die Straßenpolizei sowie Ordnungskräfte der Stadt- und Gemeindepolizei. Sie alle sind in Südtirol zur Zweisprachigkeit verpflichtet: italienisch und deutsch.

Dolomiten

Teil der Südalpen zwischen Eisack und Etsch im Westen, Sextener Bach und Piave im Osten, Pustertal im Norden und Agordo im Süden. Höchster Berg: die Marmolada (3342 m).

Durch Absenken permzeitlicher Lavaböden, Überflutung durch das Ur-Mittelmeer und anschließende Hebung des mit organischen Resten bedeckten Meeresbodens entstanden die Dolomiten und wurden in der letzten Eiszeit vor ca. 14 Millionen Jahren in heutiger Gestalt ausgeformt. Benannt nach dem französischen Geologen Deodat de Dolomieu, der das magnesiumhaltige Kalkgestein 1789 im Eisackbett gefunden und be-

STICHWORTE

schrieben hat. Berühmt für bizarre Felsformationen, Kletterfreuden und Alpenglühen. Ausführlich dazu der MARCO POLO Führer »Dolomiten«.

Folklore
Auf Farbenpracht und Schaureize reduzierte Ausprägungen der Volkskultur und des Brauchtums, vor allem zum Zweck der Fremdenverkehrswerbung. Oft mit dem Zertifikat »Original« versehen und dann allenfalls vordergründig originell, aber eben nicht immer wirklich zum Land gehörig.

Im Zusammenhang mit der besonderen politischen Geschichte Südtirols seit 1919 diente die Folklore vielfach zur Betonung der nichtitalienischen Identität der deutsch- und ladinischsprachigen Südtiroler.

Haflinger
Seit 1875 planmäßig gezüchtete, schon im Mittelalter bekannte kleine Pferderasse mit orientalischem Erbgut. Benannt wurde sie nach dem Dorf Hafling auf dem Tschögglberg oberhalb Merans. Reit-, Schlitten- und Wagenpferd mit weltweiter Verbreitung.

Italiener in Südtirol
1910: 7000; 1939: 81 000; 1981: 123 718 (29,4 Prozent). Die letztgenannte Zahl hat sich bis in die 90er Jahre hinein nicht sehr verändert. Im Verlauf der Italianisierungskampagne während des Faschismus und nach 1945 zum Teil planmäßig in Südtirol, vor allem in Bozen, angesiedelt, wo sie den Hauptanteil der Arbeitskräfte in der Industrie stellen. Sie leben vor allem in den Städten und einigen Talgemeinden, kaum in den Berggebieten. Wegen ihrer noch relativ kurzen Anwesenheit sprechen die Italiener in Südtirol keinen Dialekt, sondern allein die Hochsprache und allmählich mehr Deutsch. Seit nämlich beide Sprachen in Südtirol gleichgestellt sind (in den ladinischen Tälern auch das Ladinische), bemühen sich viele Italiener (auch im Hinblick auf die Beschäftigungschancen im öffentlichen Dienst) um bessere Deutschkenntnisse. Gegenseitige Vorurteile der beiden Sprachgemeinschaften beginnen sich nach vielen Turbulenzen im Zuge der Autonomie allmählich aufzulösen.

Kirche und Kunst
Wer in Südtirol in aussichtsreicher Lage wohnt, kann sich außer mit dem Zählen von Bergspitzen auch mit Kirchtürmezählen unterhalten: Auf zwanzig von der einen wie von der anderen Sorte kann er es leicht bringen. Wie das Land von Kirchen, sind die Leute von der Kirche, der katholischen, geprägt: zu 98 Prozent.

Die robusten Haflinger eignen sich gut für das Alpenleben

Für den Kunstfreund und Genießer sakraler Tradition bedeutet das: Er kann bei der Reise durch das Land das Buch der religiösen Kunstgeschichte durchblättern, eine Chance, die reizvoll genug ist, um sie zur thematischen Klammer eines Südtirol-Aufenthalts zu machen. Von den Bauresten der frühesten Missionskirchen aus dem 6./7. Jh. (Altenburg, Castelfeder) über die ältesten Fresken des deutschen Sprachraums (St. Prokulus bei Naturns), die karolingische St. Benedikt bei Mals, vorbei am »heiligen Berg« von Säben bis zu den bayerischen Kirchengründungen im Pustertal (St. Lorenzen, Innichen: 8. Jh.) reicht allein der weitgespannte Bogen der vorromanischen Kirchenkunst im Land.

Man kann auch weniger chronologisch vorgehen und die Kirchen-Kunstlandschaft Südtirol nach Themen wie Wandmalerei, Altäre und Skulptur der Gotik, Überetscher Baustil, Barockmalerei usw. im Querschnitt erleben. Abgesehen von den zahlreichen und stattlichen Beispielen profaner Kunst wird man, zumal in den als Diözesanmuseum angelegten Sammlungen der ehemaligen bischöflichen Hofburg in Brixen, bestätigt finden, was Bettina von Arnim erstmals in einem Brief prägte: den sprichwörtlichen Ausdruck vom »Heiligen Land Tirol«. Er ist noch heute an all den vielen Wallfahrten, Prozessionen, Kreuz- und Bittgängen abzulesen, die das ganze Jahr hindurch stattfinden und von Touristen respektiert werden sollten, auch wenn sie eigentlich nur am Fototermin interessiert sind.

Ladinien

Lebens-, Sprach- und Kulturraum der Ladiner (etwa 40 000) in den fünf Dolomitentälern Gröden und Gadertal (Provinz Bozen – etwa 18 000), Ampezzo und Buchenstein (Provinz Belluno) und Fassa (Provinz Trient).

Sprache Ladiniens ist das Ladinische, ein alpenromanisches Sprachenbündel, dessen Reste von Graubünden bis nach Friaul und Karnien reichen. Das Ladinische (verwandt mit dem Provenzalischen mehr als mit dem Italienischen) weist auf die älteste Siedlerschicht dieser Gebiete, die Räter, zurück, die nach der römischen Eroberung 15 n. Chr. romanisiert wurden. Infolge der bajuwarischen Landnahme im 6. und 7. Jh. wurden die Ladiner in die erwähnten Täler zurückgedrängt, aber noch im späten Mittelalter waren große Teile Südtirols und das Gebiet von Trient bis zur Berner (= Veroneser) Klause gemischtsprachig deutsch-ladinisch (bzw. rätoromanisch).

Die Revision der politischen und auch diözesanen Dreiteilung nach 1919 ist seit langem ein Wunschziel der Ladiner, die nur in der Provinz Bozen als ethnische Gruppe die Sonderrechte der Südtirol-Autonomie mitgenießen.

Landwirtschaft

Unübersehbar ist die Prägung der alpinen Kulturlandschaft Südtirols durch die bäuerliche, vor allem bergbäuerliche Arbeit (26 000 Betriebe), in »Spitzenlagen« bis zu 1200 m über der Talsohle. Die hohen Lagen spiegeln die hochmittelalterliche Siedlungsexpansion bis in die unwegsamen Hochtäler wider. Auch die »geschlossenen« (= unteilbaren) Höfe sind in Südtirol meist klein.

In den Tallagen herrschen, fast monokulturell ausgerichtet, Obst- und Weinbau vor, im Berggebiet wirtschaften viele Bauern, oft auf kleinen Flächen und in extremen Hanglagen, in breit gemischter Kultur in Ackerbau, Viehhaltung mit Wiesen und Weiden, im Obst-, Wein- und Gemüsebau. Diese sehr arbeitsintensiven Wirtschaftsformen sind letzthin gegenüber rationelleren, aber auch uniformeren Betriebsstrukturen wieder im Zunehmen.

Insgesamt aber ist die Landwirtschaft in Südtirol (etwa im Vergleich zum nördlichen Tirol und zu Bayern) kaum zurückgegangen, was sicher auch auf ein Netz von Förder- und Stützmaßnahmen zurückzuführen ist (Elektrifizierung, Höfezufahrten, Bausanierung).

Mundarten
Eine Tiroler Mundart, gar eine Südtiroler, gibt es nicht, aber es gibt zahlreiche Mundarten in Tirol Nord und Süd. Der Alpenhauptkamm, also die heutige Staatsgrenze zwischen Österreich (Bundesland Tirol) und Italien (Südtirol), ist jedenfalls nirgends eine Mundartgrenze. Die Tiroler Mundarten unterscheiden sich wesentlich von den alemannischen und den mittelbairischen Innerösterreichs. Eine scharfe Sprach- und Dialektgrenze (obwohl dort nie eine Staatsgrenze war) ist die Südgrenze Südtirols, die Salurner Klause. Hier stehen sich auf Dorfdistanz der Dialekt des Südtiroler Unterlandes und jener des italienischen Trentino gegenüber, ergänzt durch eine umgangssprachliche Begegnungsebene, das »mez per sort« (etwa Halbe-Halbe).

Naturparks
Von den acht gesetzlich vorgesehenen Naturparks sind inzwischen sieben verwirklicht: Fanes-Sennes-Pragser Dolomiten, Puez-Geisler, Schlern, Sextener Dolomiten, Texelgruppe, Trudner Horn und Rieserferner Ahr. Im Entstehen ist der Naturpark Sarntaler Alpen. Besonders im Hinblick auf die verstärkte Option zugunsten eines »sanften« Tourismus kommt den Südtiroler Naturparks steigende Bedeutung zu.

Theater
Neben der Musik (Staatliches Musikkonservatorium Bozen, Haydn-Orchester, zahlreiche Musikkapellen und kleinere Ensembles) ist das Theater ein wesentlicher Faktor der Gemeinschaftskultur. Um die 200 Theatergruppen spielen in Mundart und Hochsprache.

1999 Eröffnung des neuen Stadttheaters am Verdiplatz in Bozen, das sich das italienische Teatro Stabile und die deutschen Vereinigten Bühnen Bozen als Spielstätte teilen. Darüber hinaus gibt es eine sehr lebendige Szenerie mit vier Kellertheatern (Gruppe »Dekadenz« in Brixen, »Theater in der Altstadt« in Meran, »Theater im Pub« in Bruneck und »Carambolage« in Bozen), mehreren sommerlichen Freilichtinitiativen (die ältesten: Freilichtspiele Südtiroler Unterland in Neumarkt und Rittner

Sommerspiele im Kommendehof Lengmoos) und vielen ländlichen und städtischen Kleinbühnen. Außerdem gibt es Gastspiele von Berufsbühnen aus dem deutschen Sprachraum. Ein besonders sehenswerter Theaterbau ist das im Wiener Jugendstil errichtete Meraner Stadttheater.

Tirol
Wahrscheinlich vorrömischer Flurname. Stammschloß der Grafen von Tirol am nördlichen Ende des Meraner Beckens.

Besonders erfolgreich beim Zusammenschmieden ihres von den Bischöfen erstrittenen Herrschaftsbereichs: Albert III. († 1253) und Meinhard II. († 1295) von Tirol. Sie machten das reiche Paßland zu einem Angelpunkt, aber auch zum Zankapfel der Reichspolitik. Meinhards Enkelin Margaretha Maultasch (1318–1369) sperrte ihren ersten Mann Johann von Luxemburg (sie war als Zwölfjährige mit dem Neunjährigen verheiratet worden) 1341 aus und heiratete den Wittelsbacher Ludwig. Der einzige Sohn Meinhard starb bereits im Alter von zwanzig Jahren. Nachdem Luxemburger und Wittelsbacher das Spiel um Tirol verloren hatten, gewannen es die Habsburger, denen Margaretha 1363 Tirol übereignete. Kaum sechzig Jahre später wurde anstelle Merans Innsbruck die neue Landeshauptstadt.

Törggelen
Beliebter Herbstbrauch: das Verkosten des neuen Weins am Ort seiner Entstehung, am besten beim Weinbauern (Buschenschank), sozusagen neben der »Torggl«, der Traubenpresse, zugleich mit anderen frischen Genüssen des Herbstes: Speck, frischen oder geräucherten Würsten (»Kaminwurzn«), Erdäpfeln (Kartoffeln) und Kastanien.

Törggelen kann man bei zahlreichen Buschenschenken und Wirtschaften im Weinbaugebiet, verdient hat man es sich eigentlich aber nur, wenn man es sich erwandert hat. Deshalb ist, wer im Auto zum Törggelen fährt, auf dem Hinweg ein Ignorant und auf dem Rückweg ein Sicherheitsrisiko.

Übrigens – das Törggelen ist eine Tätigkeit, keine Mahlzeit: Wer »zweimal Törggelen« bestellt, verrät sich gleich als Südtirol-Anfänger.

Tourismus
Mehr als 25 Millionen Übernachtungen in 250 000 Betten, nahezu jeder zehnte Einwohner ist mit der Betreuung von Gästen beschäftigt: Der Fremdenverkehr schreibt im kleinen Südtirol große Zahlen.

Als klassisches Durchgangsland hat Südtirol zwar an den großen Routen eine jahrhundertealte gastgewerbliche Tradition, als Urlaubsland wurde es – nach ersten begeisterten Schilderungen englischer und deutscher Reiseschriftsteller – vor etwa 120 Jahren bekannt, dann aber gleich kräftig: mit der Brennerbahn, mit gewaltigen hochalpinen Hotelbauten, mit der Kur-Weltstadt Meran samt Kaiserin »Sissi«, mit Dolomitenstraße und Schutzhütten bis über die 3000-m-Marke, schließlich mit jenem Boom, der Mitte der 80er Jahre die Zahl der Beherbergungsbetriebe auf fast 15 000 (einschließlich Privatvermieter) anwachsen ließ.

STICHWORTE

Seither versucht man, den Wuchs mit Anstand zu bremsen und setzt auf »Qualität«: also auf den »Qualitätsgast« (der ordentlich ausgibt) im »Qualitätszimmer« (mit dem man ordentlich einnimmt).

Weniger salopp gesagt: lieber verbessern, was eh schon da ist, dafür weniger neu bauen. Sicher eine längst fällige Entscheidung, denn in einigen Gegenden Südtirols sieht man vor »Strukturen« kaum noch die Landschaft, der zuliebe die Gäste ja kommen. Erfahrene Südtirol-Urlauber (und das sind hier eigentlich die meisten) sind aber auch im Ausweichen geübt und finden in der gefälteten Landschaftsgestalt Südtirols immer wieder »ihre« Winkel und Lieblingsplätzchen, wo der Tourismus sich nicht zur Bedrückung ausgewachsen hat.

Verkehr
Ein lautes Thema auf über 3000 km Straße im kleinen Südtirol, auch ein ärgerliches zu Reise- und anderen Verkehrs-Spitzenzeiten, zumal in den Nadelöhren der Durchzugs- und Stadtstraßen. Bis zu 45 000 Kraftfahrzeuge fahren an manchen Tagen allein über den Brenner, weshalb zumal der Schwerverkehr baldmöglichst auf schnelle Schienen soll.

Die Hemmnisse sind oft allgemein politischer, neuerdings auch umweltpolitischer Natur. Die Frage, ob man die Landschaft für den Verkehr oder den Verkehr für die Landschaft reduzieren sollte, endet auch in Südtirol oft im Patt der Interessen. Reisende (und die weitaus meisten sind im Wanderland Südtirol mehr auf vier Reifen als auf zwei Sohlen unterwegs) werden jedenfalls um Geduld und flexible Fahrweise (inklusive Rückwärtsgang) gebeten, ferner um die Einsicht, daß in Südtirol nicht nur beschauliche Urlauber unterwegs sind, und schließlich um die Tugend des häufigen Autoverzichts.

Wandern
Hauptbeschäftigung erfahrener Südtirol-Urlauber, dringend anzuraten auch im Hinblick auf das vorhergehende Stichwort.

Der Südtirolurlauber hat jedenfalls allen Grund zum rückhaltlosen, exzessiven Gebrauch seiner Beine. Im übrigen ist Wandern in Südtirol (das auch vom Europäischen Fernwanderweg Nr. 5 durchzogen wird) die beste Therapie, um vom »außengeleiteten« Touristen, der ständig auf der Jagd nach Außenreizen ist, zum innerlichen Menschen zu werden, der im Wandern Land und Leute *und* sich selber kennenlernt. Berglandschaften statt Freizeitparks, Harmonie und Stille statt Ablenkung, Lärm und Hektik. Die unterschiedlichen Höhenlagen bieten Wanderungen für Menschen mit unterschiedlichsten Konditionen.

Die Wanderliteratur über Südtirol ist äußerst reichhaltig. Sie informiert über Naturwanderwege und solche an Kunstdenkmälern entlang.

Bei der Südtirol Tourismus Werbung am Bozner Pfarrplatz 11 gibt es jede Menge Wandertips, z. B. das Heft »Südlich wandern« mit 66 Routen im ganzen Land, aber auch einen Rad-Wanderführer *(Tel. 04 71 99 38 08, Fax 04 71 99 38 89, E-mail: tourism @provinz.bz.it)*

ESSEN & TRINKEN

Viel mehr als nur Knödel und Speck

Die Südtiroler Küche hat bodenständigen Einschlag und italienische Eleganz

Daß Südtirol das Land der Begegnung von Knödeln und Spaghetti sei, mag als Metapher für die Nachbarschaft zweier (Eß-) Kulturen angehen. Zu wörtlich sollte man das nicht nehmen: Knödel und Spaghetti in einer Mahlzeit (gar auf einem Teller) sind eine horrible Vorstellung. Wohl aber trägt es zum Reiz guten Essens in Südtirol bei, daß man hier sowohl die Spezialitäten vieler italienischer Regionalküchen als auch die bodenständigen Erfindungen der bäuerlichen und bürgerlichen Tiroler Kochkunst in vollen Zügen genießen kann.

Während die italienische Eßidentität ungebrochen blieb, hat sich die einheimische der Südtiroler Gasthausküchen nach einem eher unerfreulichen Intermezzo oder Mißverständnis mit »internationaler« Einheitsküche letzthin im regionalen Qualitäts-Selbstbewußtsein wiedergefunden: zum Wohl des neugierigen Gastes, der sein Urlaubsland nicht nur sehen, sondern vor allem auch schmecken und riechen will.

Eine Riege Südtiroler Spitzenköche, teils international bekannt, dazu viele Südtiroler Gastwirte, unter denen als Vordenker der Brixner Gastwirt und Volkskundler Hans Fink zu nennen ist, haben die vorwiegend bäuerliche Küche Südtirols durchforscht und »erleichtert«. Die Ergebnisse sind delikat und können charakterisiert werden als Neue Südtiroler Küche mit bodenständigem Einschlag und italienischer Eleganz.

Wem also zur Tiroler Küche einstweilen noch nichts anderes einfällt als Knödel und Speck, der kann sich in Südtirol vielerorts eines Besseren belehren lassen und wird überdies lernen, daß Knödel nicht nur in ihrer bekanntesten Varietät als Speckknödel und in ihrer massivsten als *plentene* (aus Buchweizenmehl) vorkommen, sondern auch als Kas-, Spinat-, Blut-, Topfen-, Preß-, Grieß-, Servietten- oder Erdäpfelknödel (»Teiser Kugeln«), ja daß die gesamte Tiroler Knödel-Evolution es auf

Vinschgauer, Kaminwurz'n und Speck: Wer es bodenständig und deftig mag, kommt in Südtirol auf seine Kosten

nicht weniger als 36 Varianten gebracht hat. Noch umfangreicher wird die Population unter Einbeziehung der Nocken und der Krapfen (ladinisch *crafúns*). Der kreative Aufwand, den Südtiroler Bäuerinnen jahrhundertelang getrieben haben, um verschiedene Teige abwechslungsreich zu füllen, zu formen und zu garen, kommt aus der (Fleisch-) Not und hat unter anderem hervorgebracht: Schlutzkrapfln und Türtlen, Struzen und Gwoachet, Nigilan und Minggilan, Polsterzipfl und Schweizerhosen, Puntscha und Gruggln und viele andere pikant oder süß gefüllte, gebackene oder gesottene Köstlichkeiten, die in den Tälern Südtirols heute vor allem bei Dorf- und Wiesenfesten und Spezialitätenwochen (etwa beim originellen »Knödelmarathon« im Gsieser Tal), aber auch in Gasthäusern wieder angeboten werden, ebenso wie Suppenspezialitäten: Eisacktaler oder Terlaner Weinsuppe, Bozner Saure (Kuttel-) Suppe und die dicke, sättigende Gerstsuppe. Die vielen Erdäpfel-, Maismehl- und Buchweizengerichte, die hier nur summarisch erwähnt werden können, machen die Südtiroler Küche übrigens recht »vollwerttauglich«, was einige Südtiroler Gasthöfe zu spezialisierten Angeboten angeregt hat.

Bei solcher Variationsbreite im früher fleischarmen Küchenpanorama brauchen bei den Fleischgerichten wohl nur einige Spezialitäten erwähnt zu werden: vom Hammel das »Bauernschöpsene« mit im Ofen mitgebratenen Gemüsen, vom Zicklein der Kitzbraten, vom Rind der St.-Magdalena-Braten, vom Kalb das Herrengröstl, der saure Kalbskopf und das Kapuzinerfleisch, vom Wild der Gamsschlegel und der Rehrücken (vielfach mit Polenta) und schließlich vom *Fåck* (Schwein) der Bauernschmaus und – wer käme in Südtirol daran vorbei – der Speck: im Idealfall mindestens zwei Monate lang sorgsam gepökelt und geräuchert, luftig gelagert, als unterspickter, saftiger Bauchspeck oder als optisch gefälligerer rot-weißer Schinkenspeck mit frisch gekochten Erdäpfeln oder dünnen, knusprigen Schüttelbrot-Fladen zur *Marende* (dem Südtiroler Imbiß am Nachmittag) genossen. Und zum Genießen gehört beim Speck auch das Aufschneiden in dünne Scheibchen oder Stiftchen.

Bei den Nachspeisen, Mehlspeisen zumeist (die österreichische Vergangenheit sei gepriesen), wäre von Strauben, Schmarrn, Torten und Gefrorenem zu schwärmen, nicht zu vergessen die vielen Obstsorten, die – von Apfel bis Kiwi, von Marille (Aprikose) bis Traube – in Südtirol prächtig gedeihen.

All dies auf den Tageslauf zu verteilen bietet der Genußfähigkeit Anreize und Grenzen zugleich. Wer das Frühstücksbuffet, das in vielen Hotels und Pensionen gang und gäbe ist, nicht allzu gründlich frequentiert hat, wird mittags ein typisches Tiroler Tellergericht oder eine der vielen italienischen Nudelspezialitäten vertragen können – oder als Krönung einer schönen Wanderung an einem reizvollen Aussichtspunkt seine Marende verzehren. In diesem Fall wird

ESSEN & TRINKEN

der Appetit am Abend eher bescheiden sein. Wer sich den Hunger aufgespart hat, schafft am Abend ein italienisches oder Tiroler Spezialitätenmenü.

Im Frühjahr und Herbst gibt es eine Reihe von Spezialitätenwochen, die einfallsreiche Regionalküche in den Abtönungen der einzelnen Talschaften anbieten. Bewährt sind:

– die Wochen der »Eisacktaler Kost« im März und April und der »Kuchlkirchtig« im Oktober;

– die Spargelwochen im Spargel- und Weinanbaugebiet Terlan von Anfang April bis Ende Mai; Spargel in allen Variationen und die eleganten Terlaner Weißweine sind die »Stars« dieser Veranstaltung;

– die »Sarner Spezialitätenwoche« im September, bei der das urige Sarntal zur kulinarischen Landschaft wird,

– und das »Völser Kuchlkastl«, das die Gastwirte im Schlerngebiet im Oktober aufsperren. Spezialitätenwochen werden auch im Überetsch, in Bozen, am Ritten, im Vinschgau, in Jenesien, in St. Christina/Gröden und in Völs (als Naturkostwochen) angeboten.

Ende Oktober dreht sich in Feldthurns und in der Gegend von Völlan und Tisens bei diversen Veranstaltungen alles um die Eßkastanie.

Auskunft geben die Verkehrsämter und der Hotelier- und Gastwirteverband HGV, *Bozen, Delaistr. 16, Tel. 04 71 97 11 10, Fax 04 71 97 44 94, E-mail: hgv@dnet.it.*

Im großen Stil zu probieren gibt es Südtirols Weine bei der Bozner Weinkost im Mai. Nachmittags und abends können dort an die 500 Weine (neuerdings auch die immer beliebteren einheimischen Sekte) verkostet werden. Dort, aber auch bei Weinkostwochen in Tramin (Mai), Auer (Oktober) und Meran (November) kann man sich davon überzeugen, daß die Weine aus den Südtiroler Anbaugebieten wieder den Anschluß an die europäischen Spitzenweine gefunden haben.

Das gilt für die Rotweine (Rebsorten beispielsweise Ver-

Winzergüter wie dieses in Kaltern säumen die Südtiroler Weinstraße

natsch, Lagrein, Blauburgunder, Merlot, Cabernet, Malvasier; Lagen zum Beispiel St. Magdalener, Kalterer See, Meraner, Bozner Leiten) wie für die Weißweine (beispielsweise Gewürztraminer, Weißburgunder, Ruländer, Sauvignon, Welschriesling, Grüner Veltliner, Müller-Thurgau und Chardonnay). Jährlich werden um die 450 000 Hektoliter produziert, 75 Prozent Rotweine, 25 Prozent Weißweine. Daß Weine aus Südtirol immer jung getrunken werden sollten, stimmt nur für einige Sorten, zum Beispiel für die frischen, hellroten Vernatschweine. Die anderen Rotweine erreichen ihr Qualitätsmaximum zwischen dem dritten und fünften Jahr.

Zwischen dem ersten und dritten Jahr schmecken die meisten Weißweine am besten – und dann (jedenfalls nach Landessitte) vor dem Mittagessen. Ob es wahr ist, daß Südtiroler Weißweine, abends getrunken, den Schlaf stören, was viele Südtiroler steif und fest behaupten, möge jeder an sich selbst ausprobieren. Wahr ist aber, daß die schlanken, frischen, trockenen Weißweine aus Südtirol immer beliebter werden.

Informationen über den Wein in Südtirol gibt es zum Beispiel beim Verband der Kellereigenossenschaften Südtirols, *Bozen, Crispistr. 15, Tel. 04 71 97 85 28*, über die Kulturgeschichte des Weinbaus kann man sich am besten im *Südtiroler Weinmuseum* in Kaltern informieren. Wahr ist ferner, daß es in Südtirol auch gutes einheimisches und vielerlei importiertes Bier gibt, desgleichen aromatische Obst- und Kräuterschnäpse sowie den aus Trestern gebrannten Treber, den die Italiener als Grappa kultivieren.

Wer Alkohol meiden will oder soll, findet in Südtirol einheimische und italienische Mineralwässer sowie Fruchtsäfte aus heimischer Produktion. Beliebt als sommerlicher Durstlöscher ist der in vielen Haushalten und Jausenstationen selbstgemachte »Holler«: Limonade aus Holunderblüten. Alle italienischen Bargetränke sind auch in Südtirol bekannt. Kaffee wird, besonders in Ausflugsstationen, oft »nach deutscher Art« angeboten, also gefiltert, während er sonst in Südtirol bis ins höchste Bergdorf hinauf und zumeist in bester italienischer Qualität aus der Espressomaschine tröpfelt. Man kann ihn schwarz oder braun-cremig *(nero* oder *macchiato)*, kurz oder lang *(ristretto* oder *lungo)*, in größerer Tasse als Cappuccino oder Milchkaffee oder gar »gspritzt« *(corretto)* mit Schnaps oder Brandy haben. Jedenfalls sind die Bohnen dunkler geröstet, und der Kaffee schmeckt daher intensiver und ist dennoch bekömmlicher als deutsches Gebräu.

Der Trend zur Qualitätsgastronomie hat in Südtirol, wo gutes Essen und Trinken eigentlich traditionelle Selbstverständlichkeiten sind, in den letzten Jahren eine Reihe von Spitzenlokalen entstehen lassen, in denen gelegentlich auch Spitzenpreise verlangt werden, was hinzunehmen ist, wenn das Verhältnis Preis–Leistung stimmt. Aber auch für das ganze restliche, dicht bestandene Feld der Gastronomie gilt dreierlei: Konkurrenz weckt den Ehrgeiz, die Einheimischen sind strenge Kritiker, und Speisekarten sind eine aufschlußreiche Lektüre. All das kommt dem aufmerksamen Gast zugute, vor allem, wenn er auch eine »Nase« hat. Im übrigen halte man sich an die Essenszeiten (12–14 Uhr, 18–21 Uhr), die der Qualität und Frische des Essens nur förderlich sind. Für zwischendurch gibt es genügend Imbißstuben, Bars und Cafés.

EINKAUFEN & SOUVENIRS

Kunsthandwerk und Lukullisches

Das Handwerk hat eine reiche, gutgehütete Tradition.
Südtirol ist aber kein Billigland

Zwei Einschränkungen zu Beginn: Südtirol ist kein Billigland und auch nicht mehr ein Land, wo man dem vermeintlich naiven Bergbauern für nur wenig Geld sein gotisches Kruzifix abschwatzen kann.

Wer aber Antiquitäten liebt, der hat die Wahl unter etlichen seriösen Geschäften in den Städten; alljährlich im Herbst gibt es in Bozen auch eine große Kunst- und Antiquitätenmesse. Üblicherweise bewegen sich Einkaufsempfehlungen für Südtirol im Viereck Lebensmittel – Kunsthandwerk – Mode/Design – Schnitzereien.

Bei den Lebensmitteln dominieren Spirituosen und Wein (fast alle Kellereien haben Verkostung und Verkauf an Passanten gut organisiert), Speck (da muß man probieren – ob beim örtlichen Metzger oder bei den Großselchereien, die durch Werbung auf sich aufmerksam machen), italienische Spezialitäten wie Salami, Parmesan- und anderer Käse (auch Südtirol produziert guten), eingelegte Pilze, Oliven und ihr Öl und so weiter, jedoch meist Produkte, die der Gast aus dem deutschen Sprachraum infolge des allgemeinen Italien-Faibles auch zu Hause kaufen kann. Doch sind italienische Spezialitätengeschäfte (etwa in Bozens Altstadt, im Viertel Gries und in den jungen Stadtvierteln zwischen Rom- und Reschenbrücke) meist auch ein Genuß fürs Auge.

Das Kunsthandwerk ist ein Schwerpunkt in der heutigen Südtiroler Produktlandschaft und hat eine alte, reiche Tradition: von den sakralen Steinmetzarbeiten der Romanik, den gotischen Balkendecken, den Kassettendecken der Renaissance, den Kachelöfen, den schmiedeeisernen Fensterkörben und Grabkreuzen des Barock bis zu den kostbar eingelegten Messern und federkielgestickten Ledergurten der Volkstrachten beweist das Südtiroler Kunsthandwerk den durchgehend hohen Stand bodenständiger Kunstfertigkeit. In diesem Bereich lassen sich die meisten Anregungen für Mitnehmsel (sie »Souvenirs« zu nennen, sind sie zu schade) und Mitbringsel finden: Gedrechseltes, Getischlertes und Geschnitz-

EINKAUFEN & SOUVENIRS

tes aus Holz und Horn, früher auch von den Bauern für eigenen und fremden Bedarf in Heimarbeit hergestellt. Reste dieser alten Hausgewerbe haben im Sarntal und im Ahrntal überlebt: im Sarntal vor allem bei Federkielstickern, Drechslern (Schüsseln, Kleinmöbel und Buttermodeln), »Regglmachern« (Reggl heißt das originelle kleine Sarner Tabakspfeifl), Korbflechtern; im Ahrntal bei (Masken-) Schnitzern und Spitzenklöpplerinnen.

Im Puster- und im Gadertal hat die Handweberei eine gute Tradition. Gewebte und bedruckte Stoffe gibt es dort und überall im Land in reicher Auswahl. In Bozen, Meran und Bruneck brillieren hochkarätige Schmuckdesigner und Goldschmiede mit wahren Kostbarkeiten ihrer Handwerkskunst. Seidenmalerei und gestickte Foulards, Schals und Blusen sind ein neuer, reizvoller Zweig des Südtiroler Kunsthandwerks.

Keramikgegenstände wie Geschirr, Krüge, aber auch kunstkeramische Ofenkacheln, Trachten- und andere Figuren sind ebenfalls bodenständig, desgleichen Kunstschmiedearbeiten aus Eisen und Bronze.

Bemaltes oder geätztes Glas sind Glanzleistungen des Südtiroler Kunsthandwerks. Gerade in der Glasmalerei, aber auch in der Holz- und Metallverarbeitung ist in den letzten Jahren ein Trend vom überlieferten, folkloristischen Motiv weg und hin zu neuen, spielerisch erprobten Ausdrucksformen festzustellen. Wer spezielle Einkaufswünsche im Bereich Kunsthandwerk hat, kann sich gut aus der Broschüre »Kunsthandwerk aus Südtirol« informieren (Auskunft bei der Handelskammer in *39100 Bozen, Garibaldistr. 4, Tel. 04 71 94 56 11, Fax 04 71 94 56 20*).

Außerhalb des Landes wird Südtirol vielfach mit der Grödner Holzschnitzerei geradezu identifiziert. Grödner »Herrgötter«, Madonnen, Putten, Krippenfiguren, auch Spielwaren werden in alle Welt exportiert und neuerdings, wenn handgeschnitzt, mit einem Garantiesiegel versehen. Andernfalls hat vermutlich – was manchen stört – die Schnitzmaschine ihre »Hand« im Spiel gehabt. Jedenfalls sollte man sich an Ort und Stelle sorgfältig umsehen, möglicherweise auch in einer Schnitzwerkstatt selbst (Auskünfte in dieser Hinsicht erteilen die Grödner Verkehrsämter).

Einige Grödner Holzbildhauer haben sich von der traditionellen Schnitzerei gelöst und sich zu eigenständigen, teils überregional bekannten Künstlerpersönlichkeiten entwickelt. Ihre Produkte werden auch international gehandelt.

Überhaupt hat sich in Südtirol auch eine lebendige »Szene« der Gegenwartskunst entwickelt, die in zahlreichen Galerien zu entdecken, zu bewerten und natürlich auch käuflich zu erwerben ist. Aquarelle und graphische Blätter mit Motiven von Land und Leuten gibt es von den meisten in Südtirol arbeitenden Künstlern.

Delikatessenläden: nicht nur Augenschmaus, sondern auch Fundgrube für Gourmets

SÜDTIROL-KALENDER

Kein Monat ohne Höhepunkt

Feste und Bräuche christlichen und anderen Ursprungs

OFFIZIELLE FEIERTAGE

1. Januar *Neujahrstag*
6. Januar *Dreikönigstag*
Ostermontag
25. April *Staatsfeiertag*
1. Mai *Fest der Arbeit*
15. August *Mariä Himmelfahrt*
1. November *Allerheiligen*
8. Dezember *Mariä Empfängnis*
25./26. Dezember *Weihnachten*
Der *Pfingstmontag* ist kein offizieller Feiertag, Geschäfte und Ämter sind aber an diesem Tag geschlossen.

FESTE UND VERANSTALTUNGEN

Januar
✸ Internationale *Schneeskulpturen-Wettbewerbe* in Innichen, St. Vigil und Wolkenstein.

★ ✸ Ende Januar: »Alpentrail«: *Hundeschlittenrennen* im Hochpustertal (Antholz-Sexten). Ein Ereignis von »arktischem« Reiz mit zwei- und vierbeinigen Teilnehmern aus vielen Ländern.

In farbenfrohen Trachten – wie hier in Sexten – feiern die Südtiroler ihre Feste

Februar/März
Auf Skiern über die Bahntrasse der früheren Dolomitenbahn geht's beim *Volkslauf Toblach-Cortina.*

✿ Faschingsdienstag: *Egetmann-Umzug* in Tramin in jedem ungeraden Jahr. Ein Fastnachtsbrauch, in dessen Mittelpunkt der fruchtbarkeitsbringende Hochzeitszug des Egetmanns durch das ganze Dorf steht. Begleitet werden er und seine Braut von einer Reihe traditioneller Figuren, die auf die Karikatur alter Weiberherrschaft abzielen.

Wilde Weiber springen durchs Dorf beim ★ ✿ *Zusslrennen* in Prad, jeweils zwischen dem Unsinnigen Donnerstag und dem Faschingsdienstag. Am ersten Fastensonntag findet z. B. in Kortsch bei Schlanders der Feuerbrauch des *Scheibenschlagens* statt.

März/April
✿ Palmsonntag (Sonntag vor Ostern): *Weihe der Palmbuschen* (Ölzweige). Die Kinder wetteifern mit auf Stangen gesteckten Palmbuschen. Dieser Brauch wird besonders im Wipptal, in und um Sterzing, kultiviert, wo um Ostern auch theatralisch-

musikalische »Osterspiele« aufgeführt werden.

Ostern: Am Karfreitag und Karsamstag ist in vielen Kirchen Südtirols wieder das *heilige Grab* zu sehen, ein prächtiges Grablegungsszenarium mit leuchtenden Glaskugeln.

★ Ostermontag: *Meraner Bauerngalopprennen.* Ein Rennen auf Haflingerpferden mit Folklore und einem Umzug auf dem Meraner Pferderennplatz.

🚶 Anfang April: *Bozner Filmtage.* Ein familiäres, dennoch international geschätztes und beschicktes Festival im Bozner Filmclub. Für Filmliebhaber ein kleiner Leckerbissen.

Mai

❁ 30. April und 1. Mai: *Bozner Blumenmarkt.* Eine bunte Tradition im Altstadtzentrum seit über 100 Jahren.

❁ *Meranflora:* In jedem ungeraden Jahr verwandelt die internationale Blumenschau Meran in ein Paradies von Farben und Düften.

Juni

❁ Sonntag nach Fronleichnam: zeremonielle, farbenprächtige *Prozessionen* mit Trachten und Fahnen, in allen Orten des Landes, am bekanntesten die in Kastelruth, eindrucksvoll auch die in Durnholz/Sarntal.

Herz-Jesu-Sonntag (um 20. Juni): *Prozessionen* und *Bergfeuer* im ganzen Land.

Mitte Juni: ==Oswald-von-Wolkenstein-Ritt.== Historisches und sportliches Reiterspektakel um Kastelruth, Seis und Völs.

MARCO POLO TIPS FÜR FESTE

1 Internationales Hundeschlittenrennen in Bruneck
Ein sportliches Spektakel im Winter (Seite 29)

2 Zusslrennen in Prad
Hier lebt die Weiberherrschaft auf (Seite 29)

3 Meraner Bauerngalopprennen
Haflinger Pferde zeigen, was sie können (Seite 30)

4 Bozner Sommer
Reichlich Tanz und Musik (Seite 31)

5 Internationale Begegnungen zeitgenössischer Musik in Bozen
Hier trifft sich die musikalische Avantgarde (Seite 31)

6 Altstadtfest in Brixen
Die ganze Stadt feiert (Seite 31)

7 Internationaler Pianistenwettbewerb Ferruccio Busoni in Bozen
Ein musikalischer Leckerbissen (Seite 31)

8 Sarner Kirchtag
Volksfest in Sarnthein (Seite 31)

9 Pferderennen »Großer Preis von Meran«
Findet regelmäßig im September statt (Seite 31)

10 ==Bartlmä-Fest auf der Rittner Alm==
Zum Ausklang des Almsommers (Seite 31)

SÜDTIROL-KALENDER

Juni bis September: *Freilichtspiele*. Am längsten in Neumarkt und am Ritten in Lengmoos, aber auch an einigen anderen Orten (z. B. Lana), bieten Theater alle Spielarten. Während dieser Monate gibt es auch unübersehbar viele *Konzerte, Feste* und *Umzüge* in praktisch allen Orten Südtirols.

Juli
Anfang Juli: *Sexten Kultur*. Eine auf klischeefreie Darstellung der regionalen Geschichte und Kultur bedachte Veranstaltungsreihe.

Juli und August: ★ ♣ *Bozner Sommer*. Ballettfestival und Tanzworkshops, Klassische Musik und Jazz, Ausstellungen.

Juli und August: *Kunstfestival Sand Art* in Sand i. T.

August
Anfang August: ✿ *Laubenfest* in Glurns.

15. August: Die Zeit um diesen Tag, der in Italien »Ferragosto« heißt, ist auch in Südtirol eine Hoch-Zeit des sommerlichen Festefeierns. Als Kontrast zu den üblichen Festen sei die berühmte *Wallfahrt nach Unser Frau* in Schnals genannt, die einer nur 14 cm hohen Marienstatuette gewidmet ist.

Wochenende nach dem 15. August: ★ *Brixner Altstadtfest*. Das Fest findet nur in jedem geraden Jahr statt: mit Folklore, Straßentheater und Konzerten.

Zweite Augusthälfte: ★ *Busoni-Klavierwettbewerb* in Bozen. Einer der bedeutendsten Wettbewerbe für junge Pianisten mit öffentlichen Abschlußprüfungen und Preisträgerkonzerten. – Weitere musikalische Festwochen während des Sommers gibt es auch in Bruneck, Kaltern, Gröden, Brixen, Sand i. T., Meran.

24. August: ★ ✿ ==Bartlmä-Fest am Ritten.== Fest und Markt zum Ende des Almsommers auf den weiten Hängen der Rittner Alm. Pferde- und Rindereintrieb durch die Hirten (»Saltner«). Das Ganze mit Musik und Festbetrieb.

Ende August: *Kalterer Weinfestwoche*.

September
★ ✿ Erster Sonntag im September: *Sarner Kirchtag* in Sarnthein. Eines der größten Volksfeste in Südtirol und tags darauf bedeutendster Pferde- und Rindermarkt.

★ September: *Großer Preis von Meran*. Das große internationale Pferderennen auf dem Meraner Rennplatz ist oft mit der italienischen Staatslotterie gekoppelt.

Oktober
Herbst- und Weinfeste.

November
Anfang November: *Weinfestival* im Kursaal von Meran. Spitzenweine in Spitzenambiente.

Zweite Novemberhälfte: ★ *Internationale Begegnungen zeitgenössischer Musik* in Bozen.

Dezember
Vor Mitte Dezember: *Weltcup-Skirennen* in Gröden und Alta Badia

Drei Donnerstage vor Weihnachten: *Klöckeln* (Anklopfen zur Herbergssuche). Außerdem in der Adventszeit: Christkindlmärkte u.a. in Bozen, Brixen und Meran.

EISACKTAL

Vom Brenner über Sterzing bis Bozen

*Die oft verkannte Region
bietet kulturelle und natürliche Fülle jenseits der
touristischen Anziehungspunkte*

Das Eisacktal wird meist nur durch- beziehungsweise (auf der Autobahn) überfahren, weshalb es die vielleicht verkannteste Urlaubslandschaft Südtirols ist. In seinem oberen Teil, dem Wipptal, vom Brenner bis an das Brixner Becken, ist es noch von den eher herberen klimatischen Bedingungen nahe dem Alpenhauptkamm geprägt. Ab Brixen bis ans Bozner Becken stellen sich als Signale südlicheren Reizes schon Obstkulturen, Rebhänge und Edelkastanien ein.

Nicht nur wegen des Städtedreiklangs Sterzing – Brixen – Klausen verdient das Eisacktal größere Aufmerksamkeit, sondern auch wegen seiner Seitentäler und seiner sonnigen und aussichtsreichen Hanglagen, die mit Kirchdörfern, Weilern und Einzelhöfen bestickt und von

*Schöne Bürgerhäuser säumen
die Flaniermeile in Sterzing*

Hotel- und Restaurantpreise

Hotel- und Restaurantempfehlungen werden nur ausgesprochen, wenn es sich um in ihrer Art und an ihrem Ort besonders charakteristische Betriebe handelt.

Hotelkategorien
Kategorie 1: 150 bis 300 Mark
Kategorie 2: 80 bis 150 Mark
Kategorie 3: 60 bis 80 Mark

Restaurantkategorien
Kategorie 1: über 50 Mark
Kategorie 2: 30 bis 50 Mark
Kategorie 3: unter 30 Mark

Die Preise gelten für eine Person im Doppelzimmer mit Halbpension. Hotels und Pensionen in Südtirol sind mit ein bis vier Sternen (Luxuskategorie der Extraklasse: 4 Sterne S) klassifiziert.

Die angegebenen Preise beziehen sich auf ein Essen für eine Person mit Vor-, Haupt- und Nachspeise sowie dem jedes Essen beschließenden, kleinen schwarzen oder braunen Kaffee.

Burgen und Schlössern markiert sind. Und nicht zuletzt wegen seiner relativen Unbekanntheit bei größter kultureller Fülle längs des seit Jahrtausenden befahrenen Kilometern, des niedrigsten Passes zur Überwindung des Alpenhauptkamms. Und wenn auch in unmittelbarer Nähe der drei großen Verkehrsadern (Autobahn, Staatsstraße und Eisenbahn) in dem vernutzten Talschlund das Leben nicht sehr angenehm sein mag, so reicht oft ein Abstecher von wenigen Kilometern, manchmal eine kleine Wanderung, um sich überrascht an Plätzen zauberischer Entrücktheit wieder zu finden. So bieten zum Beispiel ❖ St. Verena und St. Andreas bei Lengstein am Ritten großartige Tiefblicke auf das Verkehrsgewusel in der Eisackschlucht und nicht minder großartige Einblicke in die Dolomiten.

Auch wer einen Sinn hat für die Formensprache einer Kulturlandschaft – für die graphischen Strukturen terrassierter Hänge oder alter Pflasterwege etwa –, der kommt im Eisacktal voll auf seine Kosten, was durchaus auch wörtlich in bezug auf seine Preiswürdigkeit verstanden werden darf. Übrigens: Auch beim Essen und Trinken zeigt das Eisacktal seinen Charakter, sei es bei den einmal jährlich veranstalteten Wochen der Eisacktaler Kost oder bei den ganzjährig angebotenen Spezialitäten und bei den köstlichen und wegen ihrer begrenzten Anbauflächen kostbaren Weißweinen. Und noch einen Vorteil hat das Eisacktal: Man ist von hier aus rasch in der Landeshauptstadt Bozen.

BOZEN (BOLZANO)

☛ **Stadtplan in der hinteren Umschlagklappe**

(111/E–F 4–5) Eine Stadt (266 m; 95 000 Ew.) mit zwei Gesichtern: Wer als Italiener vom Süden kommt, der sieht das unitalienische einer Tiroler »Exotik«, wer von Norden kommt, dem wendet Bozen sein mediterranes Gesicht zu. Der Südtiroler Autor Joseph Zoderer nennt Bozen gar einen »schizophrenen« Ort von alpin-mediterraner Charakteristik, durchzogen von den Spuren eines Jahrtausends mitteleuropäischer Geschichte. Diese sehr alten, feinen Spuren fallen freilich nur dem Besucher auf, der in Bozen mehr sehen will als die rasche, bunte Impression einer »malerischen« Altstadt und den von Goethes Würdigung geheiligten prächtigen Obstmarkt. Anderes wollen die meisten in Bozen ohnehin nicht sehen.

Alle Verkehrsmittel entlassen den Besucher nahe den Wahrzeichen der Altstadt: *Dom* und ✝ *Waltherplatz.* Schon ist man mittendrin im Flanieren: über den weiten Platz mit dem Denkmal des politischen Minnesängers Walther von der Vogelweide, gern als Bozens »Salon« bezeichnet, querdurch zu den Lauben und ihren Parallel- und Quergassen, wo die alte Handelsstadt Bozen ihr Aktionszentrum hatte und die heutige Landeshauptstadt ihre Shopping-Meile besitzt: Bozen war ein wichtiger Markt seit 1200, privilegiert durch unabhängige Handelsgerichtsbarkeit. Ihr Zentrum war das palaisartige *Merkantilgebäude* mit *Merkantilmuseum (Mo–Fr 10–17 Uhr)* in der Silbergasse. Die moderne Messestadt

EISACKTAL

Bozen hat ihr Zentrum im Süden im neuen Messegelände.

Beim ❂ *Obstmarkt* mit dem hübschen Neptunbrunnen wird man an den in der Buntheit von Farbpaletten arrangierten Ständen rasch lernen, die kaufenden Einheimischen von den preisvergleichenden Fremden zu unterscheiden. Spätestens auf der Höhe der frisch herausgeputzten Sparkassenstraße oder der frisch sanierten Talferbrücke werden Sie umkehren wollen, weil dort der Autoverkehr das Ende der Fußgängerherrlichkeit signalisiert. Doch Sie sollten weiterspazieren zum *Talferufer,* durch seine Grünzone gehen und einen Abstecher zum zwischen Weingärten gebetteten *Tagungsschloß Maretsch* aus dem 13. Jh. machen und auch dann noch nicht umkehren, wenn Sie vor dem umstrittenen Triumphtor des Siegesdenkmals stehen, mit dem das faschistische Italien sich seine kulturelle Erhabenheitsgeste aufgemauert hatte.

Die Straße, die daran vorbeiführt zum alten Kurort Gries, heißt *Freiheitsstraße* und entstand zur selben Zeit als »Corso«, als Prachtstraße des neuen, italienischen Bolzano, die mit ihren Geschäftsarkaden die alten Lauben fortsetzen und übertrumpfen sollte. Inzwischen ist die einstige Imponiergeste dieser Straße schon ein Stück Architekturgeschichte. Sie endet am *Grieser Platz* mit der Barockfassade des *Benediktinerstifts Muri-Gries.*

Im Anschluß wäre dann die alte *Grieser Pfarrkirche* mit dem berühmten Marienaltar von

MARCO POLO TIPS FÜR DAS EISACKTAL

1 Südtiroler Archäologiemuseum
Hier ist der Eismann »Ötzi« zu sehen (Seite 37)

2 Rosengartenwanderung
Der Lieblingsweg der Kaiserin Sissi (Seite 38)

3 Ritten: Trambahn und Erdpyramiden
Das Hochplateau bietet einen außergewöhnlichen Panoramablick (Seite 38)

4 Brixen: Hofburg
Enthält eine reiche Sammlung christlicher Kunst (Seite 41)

5 Klausen: Säbener Klosterberg
Ein Schauinsland mit vier Kirchen (Seite 43)

6 Villnößtal
Wandern in einem der schönsten Täler in Südtirol (Seite 45)

7 Sterzinger Altstadt
Alte Bürgerhäuser bestimmen das traditionelle Flair der wundervollen Stadtgasse (Seite 46)

8 Gilfenklamm bei Sterzing
Weißer Marmor macht die Gilfenklamm zu einer Attraktion (Seite 47)

9 Bergwerksmuseum Ridnaun
Das Museum will einen Einblick in die Bergbaugeschichte Südtirols vermitteln (Seite 47)

Der Waltherplatz im historischen Zentrum von Bozen ist das Flanierstück der Stadt

Michael Pacher, einem Hauptwerk der spätgotischen figuralen Plastik, zu bewundern. Weiterweg über die südlich anmutende Guntschnapromenade.

BESICHTIGUNGEN

Ehemaliges Dominikanerkloster
Kirche und Kreuzgang mit bedeutenden Wandbildern aus der Giotto-Nachfolge (um 1360) dient heute vor allem als Musikkonservatorium. *Dominikanerplatz, Mo–Sa 9.30–17.30 Uhr*

Dompfarrkirche
Die 1350 erbaute Domkirche ist seit 1964 Bischofskirche. Eleganter, reich geschmückter Turmabschluß (um 1500). Sagenumwobenes Altarbild in der barocken Gnadenkapelle (um 1200), prachtvolle Kanzel (1514). *Nähe Waltherplatz, 8–12 und 14–17 Uhr*

Franziskanerkloster
Kirche, Kapellen und Kreuzgang. Der Flügelaltar stammt von Hans Klocker (1500). *Nähe Obstmarkt, Mo–Sa 9.30–12 und 14.30–18.30 Uhr*

Grieser Pfarrkirche
Die alte Grieser Pfarrkirche mit dem Pacher-Altar (1471–1475) und dem spätromanischen Hepperger-Kreuz (ca. 1205) ist mit die bedeutendste sakrale Sehenswürdigkeit der Stadt. Auf dem Friedhof liegt übrigens Dostojewskis Tochter Ljubow begraben. *Martin-Knoller-Straße, Mo–Fr 10.30–12, 14.30–16 Uhr, Sa, So und feiertags geschlossen, Eintritt: 1000 Lit*

Oswaldpromenade
In ganzer Länge (2,5 km) von St. Anton nahe Runkelstein bis St. Magdalena ergibt sie einen außerordentlich malerischen und wegen ihrer subtropischen Pflanzenfülle reizvollen Spazierweg.

Schloß Runkelstein
Am Stadtrand Richtung Sarntal auf einem Porphyrfelsen gelegen. Bedeutende profane Fresken zum höfischen Leben. Zur Zeit wegen Restaurierung geschlossen. Über kunsthistorische Führungen gibt das Bozener Verkehrsamt Auskunft, *Tel. 04 71 97 06 60.*

MUSEEN

Museum für moderne Kunst
Ausstellungen und Veranstaltungen verschiedener Art und von verschiedener Dauer. *Sernesistr. 1, tgl. außer Mo 10–12, 15–19 Uhr*

Naturmuseum Südtirol
Ein Museum im Museum des spätgotischen Maximilianeischen Amtshauses. Ständige Sammlungen und Wechselausstellungen zur Naturgeschichte Südtirols. *Bindergasse 1, Di–So 9–17 Uhr*

EISACKTAL

Stadtmuseum
Exponate aus der Steinzeit bis zur Neuzeit – und jüngst restauriert. *Sparkassenstr. 14, tgl. außer Mo und So nachmittag 9–12 und 14.30–17.30 Uhr*

Südtiroler Archäologiemuseum
★ Im Volksmund heißt das Ausstellungsgebäude nach seiner Hauptattraktion: »Ötzi-Museum«. Hier nämlich wird die 5300 Jahre alte Eismumie vom Hauslabjoch samt spektakulären Beigaben gezeigt. Insgesamt bietet das Museum einen vorzüglich dokumentierten Streifzug durch die Geschichte der Region von der Altsteinzeit bis ins frühe Mittelalter. *Museumstr. 43, Führungen nach Anmeldung und Do 18 Uhr, Di–So 9–17 Uhr, Do bis 20 Uhr (Winter), 10–18 bzw. 20 Uhr (Sommer), Tel. 0471 98 20 98, Fax 0471 98 06 48, E-mail: archaeologiemuseum@provinz.bz.it*

RESTAURANTS

Amadé
Gourmetadresse in guter Lage in der Altstadt. *Batzenhäuslgasse 8, tgl. außer So, Tel. 0471 97 12 78, Kat. 1*

Batzenhäusl
☯ ⚡ Berühmtes Haus (1402), Künstlertreff mit Tradition, Weinstube und Szenetreff mit landestypischen Spezialitäten. *Andreas-Hofer-Str. 30, tgl. außer Di 18.30–2.30 Uhr, Tel. 0471 97 61 83, Kat. 2*

Hopfen & Co.
Bozner Bier aus der Hausbrauerei, kleine Imbisse. *Obstmarkt 17, Tel. 0471 30 07 88, Mo–Sa 9.30 bis 1 Uhr, Kat. 3*

Kaiserkron
Die kreative Küche von Louis Agostini können Sie im Herzen der Altstadt genießen. *Musterplatz 1, Sa abends und So geschl., Tel. 0471 97 07 70, Kat. 1*

Önothek Vinart
Spitzenweine glasweise, freitags Live-Musik. *Dr.-Streiter-Gasse 2, Tel. 0471 98 16 68, Mo–Fr 11.30–24 Uhr*

La Torcia
Italienisches in der Altstadt. *Gerbergasse 25, Tel. 0471 97 32 36, Kat. 3*

Vinothéque Lageder
Beste Tropfen aus Südtirol und den übrigen Weinregionen Italiens. *Drususallee 235, Mo–Fr 9–13 und 15–20 Uhr, Sa 10–13 Uhr*

Vögele (Roter Adler)
Altstadt-Wirtshaus, spezialisiert auf Bozner Küchentradition. *Goethestr. 3, tgl. außer So 9–24 Uhr, Tel. 0471 97 39 38, Kat. 2*

Weißes Rössl
☯ Altbozner Gastwirtschaft mit bodenständiger Küche. *Bindergasse 6, Sa und So geschl., Tel. 0471 97 32 67, Kat. 3*

HOTELS

Laurin
Luxus in bester Lage (mit stilvollem Restaurant). *184 Zi. Laurinstr. 4, Tel. 0471 31 10 00, Fax 0471 97 09 53, Kat. 1*

Mondschein
Zentral und behaglich, schöner Park. Mit Restaurant. *30 Zi. Piavestr. 15, Tel. 0471 97 56 42, Fax 0471 97 55 77, Kat. 2*

Stiegl
Nähe Altstadt, hübscher Garten, mit Restaurant und Bistro. *100 Zi. Brennerstr. 11, Tel. und Fax 04 71 97 62 22, Kat. 2*

SPIEL UND SPORT

Kunsteishallen, -plätze und -bahnen in Bozen (Eishalle) und Umgebung, Surfen am Kalterer See, Golfplatz in Petersberg bei Deutschnofen, Skigebiete in Stadtnähe: Ritten, Sarntal, Obereggen.

AM ABEND

Konzerte im Saal des Konservatoriums und im neuen Konzertsaal, Dantestraße, Gastspiele in der Stadthalle; verschiedene Theaterinitiativen; Filmclub: anspruchsvolles Raritätenprogramm in der Streitergasse; Kleinkunstbühne *Carambolage* in der Silbergasse. Diskos: u. a. *Big's Disco (Galvanistr. 39, tgl. außer Di 22–3 Uhr); Music Pub Café Latino (Marcouistr. 25, Mo–Sa 20–2 Uhr).*

AUSKUNFT

Verkehrsamt der Stadt Bozen
39100 Bozen, Waltherplatz 8, Tel. 04 71 97 06 60, Fax 04 71 98 03 00

Südtirol Tourismuswerbung
39100 Bozen, Pfarrplatz 11, Tel. 04 71 99 38 08, Fax 04 71 99 38 99, tourism@provinz.bz.it

ZIELE IN DER UMGEBUNG

Ritten (112/A–B 3–4)
★ ᯆ Hochplateau (1200 bis 2260 m) zwischen Eisack und Talfer, aussichtsreiche, älteste Sommerfrische der Bozner mit berühmtem Alpenpanorama vom Rittner Horn (Sessellift von Pemmern, im Winter Skigebiet). Besonders lohnend ist (statt der Autostraße von Bozen) eine Fahrt mit der Seilbahn von Bozen nach *Oberbozen* (1200 m) und weiter mit der Trambahn von 1907 nach *Maria Himmelfahrt* (stimmungsvolle alte Sommerfrischsiedlung mit originellem Schießstand) oder über *Wolfsgruben (Imkereimuseum Plattnerhof, tgl. 10–18 Uhr von Ostern–Okt.)* nach *Klobenstein* (1150 m). Von dort Wanderung über Lengmoos mit mittelalterlichem Deutschordenshospiz zu den seltsamen *Erdpyramiden:* hochragenden, roten Moränentürmen mit massivem Deckstein (weitere Standorte zwischen Oberbozen und dem hübschen Weindorf Signat und bei Unterinn) vor der Felskulisse des Schlern. Viele Wandermöglichkeiten, etwa weiter über Mittelberg und Lengstein zur einsamen Hügelkirche von *St. Verena* mit großartigem Tief- und Weitblick. Genüßliches am Weg: bäuerliche Buschenschenken im Rittner Weinbaugebiet, besonders im Herbst beliebte Einkehrorte. Auskunft erteilt der *Tourismusverein 39054 Ritten, Tel. 04 71 35 61 00, Fax 04 71 35 67 99.*

Rosengartengebiet (112/B–C 5–6)
Von Bozen mit Linienbus oder Pkw über die anfangs wildromantische Dolomitenstraße durchs Eggental nach *Welschnofen* (1182 m). ★ ᯆ Rosengartenwanderung: zur Paolinahütte (Sessellift), dann weiter auf leichtem Bergsteig zur Kölner Hütte (2340 m). Abstieg über Frommerjoch zur Moseralm und zurück zur Talstation. Am Karer

EISACKTAL

Im Rosengartengebiet findet sich auch der liebste Spazierweg von Kaiserin Sissi

See liegt die einstige Sommerfrische der Kaiserin »Sissi« mit gekennzeichnetem Lieblingsweg.

Abstecher empfehlen sich nach *Deutschnofen* (mit schöner spätgotischer Kirche), *Petersberg* (Golfplatz) und zur Wallfahrtskirche *Maria Weißenstein* mit großer Sammlung von Votivbildern. Vom Karer See über den Nigerpaß und durch das Tierser Tal weiter bis ins Eisacktal führt eine Straße (Linienbus), die eine beschauliche Variante zum Betrieb auf der Dolomitenstraße darstellt. Das *Tierser Tal* (Tiers, 1025 m) ist ein unter Kennern beliebtes Wander- und Feriengebiet. Auskunft erteilt der *Tourismusverein, 39050 Tiers, Tel. 04 71 64 21 27.*

Salten (111/E 3–4)

Der Höhenzug (1000 bis 1500 m) zwischen Talfer und Etsch erschließt sich leicht mit der Seilbahn vom Nordrand Bozens nach *Jenesien* (1080 m): herrlicher Blick auf die Dolomiten und den Bozner Talkessel. Viele Wander- und Reitmöglichkeiten über Bergwiesen mit lichten Lärchenbeständen. Die beliebteste ist die zur *Lafenn* mit malerischer Kirche (1525 m). Die Tour kann fortgesetzt werden nach *Mölten* (1140 m). Von dort mit der Seilbahn hinunter nach Vilpian und mit Linienbus zurück nach Bozen (Gehzeit insgesamt 4–5 Std.). *Tourismusverein, 39050 Jenesien, Tel. 04 71 35 41 96*

Sarntal (111/F 2–4)

Hauptort Sarnthein (970 m), 20 km von Bozen durch die wildromantische Talferschlucht (Linienbus). Hinter Sarnthein gabelt sich das lange Sarntal in das *Durnholzer Tal* mit dem gleichnamigen Bergsee am Talschluß und der romanischen Nikolauskirche mit hochwertigen gotischen Fresken. Der andere Talast, das *Penser Tal*, bietet über das Penser Joch (2214 m) eine alpine Fahrtvariante nach Sterzing (im Winter geschlossen). Das Sarntal ist als Sommerfrische und

Wintersportgebiet (Reinswald, dort auch Latschenkiefer-Kneipp-Bad) beliebt, aber trotzdem noch stark bäuerlich geprägt (charakteristische Alltagstrachten). Es weist mit guten kunstgewerblichen Arbeiten auf das früher dort bedeutsame Hausgewerbe zurück (Federkiel- und Holzarbeiten).

🌼 Eine schöne Wanderung führt vom Bergweiler Putzen (1600 m) zum Auenjoch und weiter zu den *Steinernen Mandln*, einem (wie man sagt) alten Hexentreffpunkt (3 Std.). Genüßliches am Weg: *Gasthof-Pension Bad Schörgau, Putzen*. Auskunft erteilt der *Tourismusverein 39058 Sarnthein, Tel. 04 71 62 30 91, Fax 04 71 62 23 50*.

Schlerngebiet (112/B-C 4-5)
🌼 Der Schlern mit seiner markanten Gestalt, zu Füßen die Seiser Alm (Europas größte), ist ein Südtiroler Symbolberg und der Hausberg dieser reizvollen, ausgedehnten Mittelgebirgslandschaft nördlich von Bozen. Die Straße von Blumau (Linienbus ab Bozen) erschließt beliebte Sommerfrischen wie Völs, Seis, Kastelruth (ein bekanntes Skigebiet), aber auch den Naturpark Schlern und führt am spätmittelalterlichen *Schloß Prösels* vorbei. Dort gibt es sommerliche Kulturveranstaltungen und (außer montags) Besichtigungsmöglichkeiten. Genüßliche Kuren bietet das *Völser Heubad, Schlernstr. 13, Völs*. Für Gourmets: das Restaurant im *Romantik Hotel Turm, 39050 Völs, Tel. 04 71 72 05 14, Kat. 1*. Auskunft erteilen die *Tourismusvereine, 39050 Völs, Tel. 04 71 72 50 47* und *04 71 39040 Kastelruth, Tel. 04 71 70 63 33*.

BRIXEN (BRESSANONE)

☛ Stadtplan in der hinteren Umschlagklappe
(**104/C 6**) Auch für den Hauptort des Eisacktals (540 m; 18 000 Ew.) gilt: Der Blick von der Autobahn ist zu wenig. Aber er zeigt immerhin gleich, was Brixen fast 1000 Jahre lang am meisten geprägt hat: fürstbischöfliche Herrschaft. Die beiden gewaltigen gelben Türme des Doms beherrschen noch heute das Stadtbild (wenn auch der Bischof seit über 30 Jahren in Bozen sitzt), und der Dombezirk mit der Bischofsburg und dem Priesterseminar sprengt fast die kleinstädtischen Dimensionen der Brixner Altstadt. Doch dieses Doppelgesicht eines betriebsamen, enggerückten Landstädtchens mit fürstlicher Hoheitsgeste macht Brixen gleichzeitig so reizvoll, daß man es gut zum Urlaubsschwerpunkt machen kann: entweder in Brixen selbst wohnend und die Höhen und Täler ringsum auf Ausflügen erkundend oder mit Quartier in einem der hübschen Dörfer der Umgebung und einigen ✪Brixner Stadtspaziergängen. Die sollten durch die Großen und Kleinen Lauben führen: Wie in Bozen sind sie auch im geschichtsträchtigen Brixen die Lebensachsen der Altstadt, nicht zu vergessen das urtümliche Viertel Stufels, dessen Geschichte sogar bis in die Steinzeit zurückreicht.

Rundum befestigt und mit Türmen gesichert (drei davon stehen noch), ist das bereits um 900 erwähnte und schon im 11. Jh. ummauerte Brixen als die älteste Stadt Tirols bekannt.

EISACKTAL

BESICHTIGUNGEN

Dom, Kreuzgang, alter Friedhof

Die 1000jährige Geschichte des Brixner Münsters ist durch den vollständigen Neubau der Domkirche von 1745/55 barock überlagert, das freilich glanzvoll: Alle großen Tiroler Meister haben mitgewirkt, am meisten der Pustertaler Paul Troger als Freskant.

Die bedeutsamste Schicht der Brixner Kirchenbaugeschichte wird im Kreuzgang südlich des Doms sichtbar: Das umfangreichste gotische Freskenensemble Tirols, das sorgsam restauriert worden ist – ein Bilderbogen in 15 Arkaden, etwa zwischen 1390 und 1510 von Meistern der Region geschaffen. Zwischen dem Dom und der gotisch-barocken Pfarrkirche lohnt ein Blick auf den alten Friedhof, wo der Gedenkstein angebracht ist, den sich der selbstbewußte Oswald von Wolkenstein 1408 bei Lebzeiten hatte setzen lassen. *Dom und Kreuzgang tgl. 12–15 Uhr geschl.*

Hofburg mit Diözesanmuseum und Herrengarten

★ In mehreren Baustufen, zuletzt als hochbarocker Repräsentationsbau unter Fürstbischof Künigl, ist die Hofburg mit ihren über 70 Räumen eine glänzend aufbereitete Dokumentation von Kunst und Geschichte des geistlichen Fürstentums Brixen, überdies eine der bedeutendsten Sammlungen von religiöser Kunst im Alpenraum. Besonderheiten sind der rekonstruierte Herrengarten sowie die Sammlung von 10 000 Krippenfiguren und ihren Szenerien vom Barock bis ins 20.Jh., darunter die Weihnachts- und Passionskrippe von F.X.Nißl und den Gebrüdern Probst (Ende 18.Jh.): die figurenreichste enthält allein 5000 Kleingestalten. *März–Ende Okt., 10–17 Uhr (So geschl.). Krippenmuseum auch Dez.-10. Feb., tgl. 14–17 Uhr (am 24. und 25. Dez. geschl.), Eintritt: 7000 Lit*

RESTAURANTS

Fink

Familienbetrieb des Volkskundlers Hans Fink, der mit der Rückbesinnung auf die Tiroler Küchentradition begonnen hat. *Kleine Lauben 4, Di abends und Mi geschl., Tel. 04 72 83 48 83, Kat. 2*

Finsterwirt

Südtiroler Atmosphäre, bürgerlich und künstlerisch, mitten in der Altstadt. *Domgasse 3, So abends und Mo geschl., Tel. 04 72 83 53 43, Kat. 2*

HOTELS

Brückenwirt

Guter, schön gelegener alter Gasthof außerhalb von Brixen nahe dem Kloster Neustift. *14 Zi., Tel. 04 72 83 66 92, Fax 04 72 83 75 87, Kat. 2*

Elephant

Historisches Hotel mit traditionell guter Küche und allem Komfort; benannt nach jenem indischen Elefanten, der 1551 auf dem Weg von Venedig nach Augsburg in Brixen Gast war und auch im Kirchlein von Klerant künstlerisch verewigt ist. Das Hotel beherbergte zu allen Zeiten eine Vielzahl berühmter Gäste. *44 Zi., Weißlahnstr. 4, Tel.*

04 72 83 27 50, Fax 04 72 83 65 79, Kat. 1

Garni Schönruh
Kleines Hotel, in dem man schön ruhen und fein speisen kann. *14 Zi., Weinbergstr. 1, Tel. und Fax 04 72 83 65 48, Kat. 2*

ERHOLUNG UND SPORT

Kurhaus Dr. v. Guggenberg
Kneipp- und Diätkuren, vielerlei Therapien. *Unterdrittelgasse 17, Tel. 04 72 83 55 25, Kat. 1*

Sport
Vielfältige Angebote (Angeln, Kanu, Tennis) in und um Brixen, im Winter Skibetrieb am Hausberg Plose (verschiedene Lifte, ab St. Andrä).

AM ABEND

Anreiterkeller
🎭 Theater, Kabarett, Jazz u. a. Kleinkunst. *Obere Schutzengelgasse 3*

Max
Großdisko am westlichen Stadtrand. *Fischzuchtweg 30*

AUSKUNFT

Tourismusverband Brixen
Bahnhofstr. 9, 39042 Brixen, Tel. 04 72 83 64 01, Fax 04 72 83 60 67

ZIELE IN DER UMGEBUNG

Lüsener Tal (105/D-E 5-6)
Auf 13 km von Brixen bis Lüsen Dorf durchfährt man alle Vegetationsstufen »von der Traube bis zum Zirbelzapfen«. Das Tal bietet freilich nicht viele Sensationen, dafür aber gute Möglichkeiten zum beschaulichen Wandern, z. B. auf dem Höhenweg über die Lüsner Alm. Auskunft erteilt der *Tourismusverein, 39040 Lüsen, Tel. 04 72 41 37 50.*

Neustift (104/C 5)
❀ Nur einen Spazierweg weit (der sich bis nach Schabs fortsetzen läßt) ist das Augustiner-Chorherrenstift von Brixen entfernt. Ein Ort für Kunstkenner und Weingenießer: Für die einen empfiehlt sich ein Besuch der barocken Stiftskirche mit Fresken von M. Günther, des Kreuzgangs, des Innenhofs mit Wunderbrunnen (Darstellung der Weltwunder). Oswald von Wolkenstein ist hier begraben. Zu besichtigen sind auch die romanische Michaelskapelle, die Gemäldegalerie mit gotischen Tafelbildern und der Bibliothekssaal mit unschätzbaren Inkunabeln und Frühdrucken. Der abschließende Besuch im Weinkeller ist anzuraten, wo es die Eisacktaler Weißweine in bekannt guter Qualität zu kosten und zu kaufen gibt. *Besichtigungen Ostern–Okt. Mo–Sa mehrmals tgl., Auskunft Tel. 04 72 83 61 89*

Schloß Rodenegg (105/D 5)
❀ Das Schloß liegt zwischen Brixen und Mühlbach auf einer Porphyrnase über der Rienzschlucht. Seit 1491 im Besitz der Familie Wolkenstein, im 16. Jh. im Stil der Spätrenaissance ausgestaltet, berühmt vor allem wegen des erst 1973 entdeckten romanischen Freskenzyklus zum Iwein-Epos: das früheste Beispiel höfisch-profaner Wandmalerei in Europa überhaupt. *Besichtigung mit Führung, Mitte Mai–Mitte Sept. tgl. außer Mo 11 und 15 Uhr*

EISACKTAL

St. Andrä – Milland (105/D 6)

↙ Ein Tagesausflug über die Talflanke entlang dem Brixner Hausberg Plose kann vom Brixner Stadtteil Unterdrittl bis zum Brixner Vorort Milland alle Eigenart und Reichhaltigkeit der Brixner Kulturlandschaft erschließen. Er führt über Karnol mit seinen bedeutenden Fresken in St. Johann, dann über die alte Wallfahrt St. Leonhard nach St. Andrä (960 m), Melaun, Klerant (kostbare Nikolauskirche), Albeins bis Sarns und Milland, einem kleinen Eisacktaler Adelsparadies mit Schlössern und Ansitzen.

KLAUSEN (CHIUSA)

(112/B 2) Das mittelalterliche Bergwerksstädtchen (520 m) an einer Engstelle der Brennerstraße, 15 km südlich von Brixen, kann mit den höher gelegenen Dörfern ringsum (Villanders, Latzfons, Gufidaun, Lajen) viele Ausflugsideen anbieten: Höhe(n)punkte des Eisacktaler Landschaftserlebnisses (etwa auf der Mittelgebirgslehne zwischen Villanders und Barbian), ↙ Tal- und Bergblicke von großer Eindrücklichkeit (Villnöß), kulturgeschichtliche Schwerpunkte *(Kloster Säben, Trostburg)* – und das Eisackstädtchen selbst. Seinem Reiz hat das Eingezwängtsein wenig anhaben können, dafür ist man um so rascher durch die lange Hauptgasse geschlendert bis zur spätgotischen *Andreaskirche* mit zahlreichen Skulpturen des 15. bis 17. Jhs. Jenseits des Eisacks ist der barocke *Ansitz Seebegg* ein erfreuliches Beispiel der Wiedergewinnung eines wichtigen Profanbaus. Der größte Kunstschatz Klausens, der *Loretoschatz*, der auf einer Stiftung des spanischen Königspaars Ende des 17. Jhs. beruht, ist im Stadtmuseum im ehemaligen Kapuzinerkloster zu sehen *(Mai–Okt. Di–Sa 10–12, 16–19 Uhr).*

Ein Höhepunkt jeder Südtirolreise sollte der Aufstieg von Klausen vorbei an Burg Branzoll zum ★ ↙ *Benediktinerinnenkloster Säben* sein. Der Burgfelsen hat zahlreiche wichtige Funde aus spätrömischer und frühchristlicher Zeit freigegeben. Geistlicher Mittelpunkt des Landes vom 6. bis 10. Jh., ist Säben heute vor allem ein eindrucksvoller Schauinsland mit vier Kirchen (kurios das theatralische Bildprogramm in der Heilig-Kreuzkirche). *Tgl. 8–18 Uhr.* Von hier aus besteht die Möglichkeit eines zauberhaften Weiterwegs hinauf zum Weiler *Pardell* mit seiner köstlich-trutzigen Kapelleninschrift. Gelegenheit zur Einkehr mit altmodischem Charme bietet *Gasthof Huber*, Pardell.

AUSKUNFT

Tourismusverein Klausen
39043 Klausen, Tel. 04 72 84 74 24, Fax 04 72 84 72 44

ZIELE IN DER UMGEBUNG

Barbian-Dreikirchen-Villanders (112/B 2–3)

↙ Eine Fülle schöner Tief- und Ausblicke bieten Wanderungen auf diesem Balkon des unteren Eisacktals: Von *Barbian* (830 m) in südlicher Richtung führt eine kleine Straße zum Weiler *Saubach* an der Grenze zum Ritten, wo im Kirchlein mit dem unveränderten gotischen Kirchenraum drei Flügelaltäre zu sehen sind. In Barbian selbst ruft der bemerkenswert schiefe Kirchturm pisanische Assoziationen hervor, und von Barbian führt ein Spaziergang bergan in die kostbare Stille des früheren ❈ *Heilbades Dreikirchen* (1120 m), wo man es beim Kirchtürmezählen erstaunlich weit bringen kann. Die drei Kirchen des alten Waldheiligtums sind kunstvoll ineinander verschachtelt, und auch sonst ist Dreikirchen mit seinen architektonisch bedeutenden Sommerfrischvillen ein interessanter Platz. Ein Stück Fremdenverkehrsgeschichte: der eigenwillige Bau der Pension Briol.

Villanders (880 m) mit seinen edelsitzartigen Bauernhöfen, dem pittoresken Ortskern (verewigt in Tiroler Historienbildern von Franz von Defregger) und einem der schönsten Friedhöfe des Landes reicht über alle Vegetationszonen von südlichmild bis alpin. Eine prachtvolle ❈ Höhenwanderung ist der Rundweg über die Villanderer Alm.

Genüßliches in Villanders: Den herben Charme eines alten Tiroler Dorfwirtshauses und eine hochgelobte Feinschmekkerküche hat der gediegene *Steinbock, Tel. 04 72 84 31 11, Mo geschl., Kat. 1*. Auskunft erteilen die *Tourismusvereine: 39040 Barbian, Tel. 04 71 65 44 11* und *39040 Villanders, Tel. 04 72 84 31 21*.

Feldthurns (112/C 2)
Auf der Mittelgebirgsterrasse (850 m) zwischen Brixen und Klausen bietet die Gegend Pfeffersberg eine Wanderlandschaft von großem Reiz: die ❈ *Tschötscher Heide* mit ihren vieldeutigen Felsbildern, malerischen Wegen und Kastanienriesen. In Feldthurns selbst ist das ❈ *Schloß Velthurns,* Sommerresidenz der Brixner Fürstbischöfe seit 1578 bis Anfang des 19. Jhs., neuerdings sorgsam restauriert und mit seinen reichgeschnitzten Täfelungen und Kassettendecken ein Höhepunkt der Wohnkultur der Hochrenaissance. Im Sommer kulturelle Veranstaltungen, ab März mehrmals täglich Führungen. Auskunft: *Tourismusverein, 39040 Feldthurns, Tel. 04 72 85 52 90*.

Gufidaun (112/C 2)
❈ Hier hat man Brixen und Klausen gleichzeitig im Blick, an diesem Lieblingsaufenthalt gelehrter Spätromantiker. Im reizvollen *Schloß Sumersberg* mit seinem runden »Hexenturm« wurde gezecht und geforscht, letzteres vor allem über Walther von der Vogelweide, für dessen Herkunft von den Vogelweiderhöfen im nahen (und besuchenswerten) *Lajener Ried* einige Argumente sprechen. Ein beschaulicher Aufenthalt in Gufidaun lohnt auch wegen der *Hausrats- und Handwerkssammlung* im Hohen Haus. *Führung: April–Nov. Mo–Sa 11 Uhr*. Am Wege: *Turmwirt* in Gufidaun, Hotel und Restaurant, *Do, Fr mittags geschl., Kat. 2*. Auskunft erteilt der *Tourismusverein Klausen, Tel. 04 72 84 74 24, Fax 04 72 84 72 44*.

Trostburg (112/B 3)
❈ Von Waidbruck an der Abzweigung nach Gröden führt ein uralter Pflasterweg (sehr schön auch die Wanderung weiter bis nach Tagusens hinauf) zur

EISACKTAL

Sprache mit Lokalkolorit

Tiroler Sprachspezialitäten: Anderswo wäre ein »Lauterfresser« ein Mensch mit unanständig geräuschvollen Tischmanieren. Im Eisacktal, besonders auf der Natzer Hochebene, um Rodeneck und Mühlbach verbindet man mit dem Lauterfresser bis heute den Namen des berühmten Hexenmeisters Mathias Perger, dem 1645 der Prozeß gemacht worden ist, bevor man ihn verbrannt hat. Seinen Beinamen verdankte er einer Vorliebe für »lautere« (flüssige) Nahrung: Angeblich waren ihm bei der Folter die Zähne eingeschlagen worden. Seine Zauberkräfte hatte ihm ein Teufelspakt eingetragen: Er konnte Wetter machen, Mäuse und Ratten herzaubern, Heufuder umwerfen, aber daß er sich vor alten Weibern und dem Schloß Rodenegg hüten solle, hat er nicht beherzigt. Ein altes Weib zeigte ihn an, auf Rodenegg wurde er abgeurteilt.

Trostburg, Stammschloß Oswalds von Wolkenstein († 1445). Durch die Erweiterung im späten 16. Jh. hat die aus dem 12. Jh. stammende Trostburg ihr prachtvolles Aussehen erhalten, das sie sich bis heute bewahren konnte. *Besichtigung nur mit Führung Ostern–Okt. tgl. außer Mo.* Am Wege liegt das ☙ Restaurant *Ansitz Fonteklaus*: feine Küche mit Aussicht. *Lajen-Freins, Ostern–Okt. tgl. außer Do, Tel. 04 71 65 50 45, Kat. 1–2*

Villnöß (112/C 2)

★ ☙ Nördlich von Klausen zweigt das 24 km lange Seitental vom Eisacktal ab und reizt, mehr noch als zum Befahren (Linienbus), zum Erwandern, etwa auf dem eindrucksvollen Wanderweg über *Theis* (berühmt durch die für die geologischen und mineralogischen Besonderheiten des Villnößtals sprichwörtlichen Theiser Kugeln), die sagenträchtige *Flur von Miglanz*, *St. Valentin* in Pardell (kostbare gotische Kirche mit Flügelaltar) zum Hauptort *St. Peter* (1150 m). Ein Abstecher könnte von dort zum zauberhaft gelegenen und kunsthistorisch bedeutenden Kirchlein *St. Jakob am Joch,* mit prächtigem Schnitzaltar, führen. Ein guter Stützpunkt für Wanderungen und Hochtouren im Talschluß ist *St. Magdalena.* Leicht erreichbar von hier sind Zanser, Gschnagenhart- und Glatsch-Alm: Stützpunkte für genußreiche Wanderungen und anspruchsvolle Touren im Banne der gewaltigen Geisler-Wände.

Geradezu ein Symbol für die dem Villnößtal immer noch zu attestierende Ruhe ist die *Kirche St. Johann* neben dem ehemaligen adeligen Jagdhof Ranui (heute Pension). Empfehlenswert: *Ranuimüllerhof, St. Magdalena, Tel. 04 72 84 01 82, Kat. 2*

STERZING (VIPITENO)

(104/A 3) Wipptal heißt das obere Eisacktal zwischen Franzensfeste und der 1918 gesetzten Staatsgrenze am Brenner, der übrigens nie Tiroler Landesgrenze war; das Wipptal setzt sich auch nördlich des Brenners auf österreichischer Seite fort. Der große Urlauberstrom nimmt das Wipptal als Ferienlandschaft kaum zur Kenntnis. Dieses Kapitel soll zeigen, daß das durchaus ein Fehler ist, nicht nur wegen des Hauptorts Sterzing. Der mittelalterliche »Bergsegen« aus dem Pflerscher und Ridnauntal, vor allem das reichlich geförderte Silber, ist der Grund für die Wohlhabenheit des Fuggerstädtchens (950 m; 6000 Ew.).

★ ✪ ♰ Ein Gang längs der Nord-Süd-Achse der Altstadt (die allerdings Neustadt heißt) mit ihren zinnengeschmückten Bürgerhäusern (reichlich mit Geschäften für die üblichen Bedürfnisse von Urlaubern bestückt) ist freilich am schönsten nach Geschäftsschluß, wenn Sterzing wieder sein eigenes Flair hat. Gerade deshalb lohnt sich ein Aufenthalt mit Muße und Gestimmtheit zum Schauen. Werfen Sie auch unbedingt einen Blick in die Hl.-Geist-Spitalkirche mit ihren spätgotischen Fresken.

BESICHTIGUNGEN

Jöchlsthurn
Edelsitz, jetzt Bergbaumuseum. *April–Okt. Di–Sa 10–12, 14 bis 17 Uhr, Tel. 04 72 76 48 75*

Pfarrkirche
Zu Unserer Lieben Frau im Moos
Die südlich der Stadt gelegene Kirche ist eines der imposantesten Beispiele Tiroler Hallengotik.

Rathaus
Das spätgotische Rathaus enthält eine Kunstsammlung.

MUSEUM

Stadtmuseum und Multschermuseum
Am südlichen Stadtrand nahe der Pfarrkirche im Deutschordenshaus. Materialien zur Stadtgeschichte und Teile des spätgotischen Multscher-Altars. *April–Okt., Mo 14–17, Di–Fr 10–12, 14–17, Sa 10–12 Uhr, So u. feiertags geschl., Deutschhausstr. 11*

HOTELS/RESTAURANTS

Schwarzer Adler
Mit gutem Restaurant. *71 Zi., Am Stadtplatz, tgl. außer Mo, Tel. 04 72 76 40 64, Kat. 2*

Stafler
Hotel und Restaurant in Mauls, eins der besten im Land. *38 Zi., Restaurant Mi geschl., Tel. 04 72 77 11 36, Fax 04 72 77 10 94, Kat. 2*

AM ABEND

Unterhaltungslustige finden ihresgleichen im Sterzinger »Bermudadreieck«, z. B. im *Melody-Pub* im *Derby-Club*.

ZIELE IN DER UMGEBUNG

Gossensaß (104/A 2)
Gossensaß (1100 m) wie auch das nahe dem Paß gelegene Brennerbad waren im 19. Jh. berühmte Kurorte. Gossensaß war beispielsweise Henrik Ibsens oftmaliger Lieblingsaufenthalt. Die Barbarakapelle am Friedhof (mit dem Schmuckstück ihres Flügelaltars) weist wiederum auf die Bergwerkstradition im nahen Pflerschtal hin, in das hinein die Brennerbahn (1867 eröffnet)

EISACKTAL

eine lange Schleife zur Überwindung des Höhenunterschieds zieht, die bis auf vier Kilometer an die Gletscher heranreicht. Das ⚡🚶 *Pflerschtal* ist als grenznahes Skigebiet (wie übrigens die gesamte Umgebung Sterzings) beliebt, aber gegenwärtig noch nicht überlaufen. Gleiches gilt für das ⚡🚶 *Pfitschtal* mit seinen ruhigen Touren und Loipen. Auskunft erteilt der *Tourismusverein, 39040 Gossensaß, Tel. 04 72 63 23 72, Fax 04 72 63 25 80.*

Ratschings (103/F 3)
Die bekannteste Attraktion des reizvollen Hochtals mit vielen Tourenvarianten liegt gleich an seinem Anfang nahe der Ortschaft Stange: die ★ ⚡ *Gilfenklamm* im weißen Marmor über dem wild tosenden Ratschinger Bach, zwischen Ostern und November gefahrlos zu begehen über Stege und Brücken. Auskunft erteilt der *Tourismusverein, 39040 Ratschings, Tel. 04 72 75 66 66, Fax 04 72 75 68 89.*

Ridnauntal (103/E–F 2–3)
Ebenfalls ein angenehm ruhiges, bis ins Hochalpine reichendes Wander- und Tourengebiet an der Südflanke der Stubaier Alpen. Im äußeren Mareiter Tal das prächtige *Barockschloß Wolfsthurn* *(Jagdmuseum, April–Mitte Nov. Di–Sa 9.30–17.30, So 13–17 Uhr);* dahinter das eigentliche ⚡ *Ridnauntal* bis Maiern, wo die Anlagen des ehemals bedeutenden Erzabbaus (neben Silber auch Zinkblende und Bleiglanz) auf 2500 m Höhe Teil des neuen ★ *Südtiroler Bergbaumuseums* sind. Es bietet einen guten Einblick in die Geschichte des Bergbaus. Wandern können Sie auf den Wegen für die Erzbringung, durch Stollen und Abbauten bis zur ehemaligen Knappensiedlung *St. Martin* (2685 m). *April–Ende Okt. tgl. außer Mo 9.30–16.30 Uhr.* Übernachtungsmöglichkeit bietet das *Hotel Sonklarhof, 55 Zi., Tel. 04 72 65 62 12, Fax 04 72 65 62 24, Kat. 2*

Sterzinger Moos (104/A 3)
Das sagenumwobene (heute weitgehend trockengelegte) Sterzinger Moos wird von zwei mächtigen ⚡ Burgen bewacht: *Sprechenstein* auf steiler Felsflanke und *Reifenstein* auf einer Hügelkuppe. Reifenstein gehört zu den besterhaltenen Burgen Südtirols, auch was die weitgehend im Originalzustand erhaltene Inneneinrichtung betrifft. *April bis Nov. mehrmals tgl. Führungen, Fr geschl.* Auskunft erteilt der *Tourismusverband, 39049 Sterzing, Tel. 04 72 76 53 25, Fax 04 72 76 54 41.*

Die Marco Polo Bitte

Marco Polo war der erste Weltreisende. Er reiste in friedlicher Absicht, verband Ost und West. Er wollte die Welt entdecken, fremde Kulturen kennenlernen, nicht zerstören. Könnte er für uns Reisende des 20. Jahrhunderts nicht Vorbild sein? Aufgeschlossen und friedlich sollte unsere Haltung auf Reisen sein. Dazu gehören auch Respekt vor Mensch und Tier und die Bewahrung der Umwelt.

PUSTERTAL

Alpenkamm und Sextener Dolomiten

*Die gebirgsnahe Lage macht
das Pustertal im Sommer und Winter zu einem
beliebten Feriengebiet*

Auch für das waldgrüne Pustertal gilt: Schönheit und Charakteristik erschließen sich erst so richtig von den Aussichtsbalkonen der Hanglagen und in den Seitentälern. Besser als auf dem Talgrund, der von einem bedeutenden und sehr alten Fernhandelsweg durchzogen wird, zeigt sich dort auch die geographische Lage des Pustertals zwischen den Gletscherbergen des Alpenhauptkamms und den Kalkformationen der Dolomiten.

Von der Pustertaler Eingangspforte bei der Klause von Mühlbach auf knapp 800 m bis auf 1200 m bei der Staatsgrenze bei Innichen liegt der gesamte Talverlauf von ca. 80 km Länge bereits oberhalb der Weingrenze. Die Temperaturwerte zeigen große Schwankungen und zeichnen das klimatische Gesicht des Pustertals eher herb. Die Ferienlandschaft ist daher besonders als Sommerfrische und Wintersportgebiet beliebt.

Wer das Wanderparadies Pustertal aber gern für sich allein haben will, der wird es gerade im Frühjahr und Herbst erlebenswert finden, wird den Menschen näher kommen und die Eigenständigkeit der Landschaft besser spüren. Sie beruht vor allem auf zweierlei Prägungen. Zum einen auf dem Beharrungsvermögen des bäuerlichen Mittelbesitzes mit seinen wertvollen Waldrechten und der Struktur des geschlossenen Hofes, durch den die Kontinuität des Besitzes über die Jahrhunderte hin gesichert ist, und zum anderen auf der Lagebeziehung zum Osten durch die Drau, die am Toblacher Feld entspringt und mit der Donau gegen das Schwarze Meer fließt, während der andere Pusterer Fluß, die Rienz, gegen Westen gerichtet ist und über Eisack und Etsch zur Adria weist.

Das Wechselspiel östlicher (vom Slawischen herüberreichender) und westlicher Kräfte haben die Bayern schon um 600 für sich entschieden, so energisch, daß das Pustertal die stärkste Häufung deutschen Namengutes aufzuweisen hat; man

*Nördlich von Bruneck thront
auf hohem Felsen die majestätische
Burg Taufers*

MARCO POLO TIPS FÜR DAS PUSTERTAL

1 Innichner »Dom«
Eine romanische Stiftskirche aus dem 13. Jahrhundert (Seite 53)

2 Volkskundemuseum Dietenheim
Die Exponate geben guten Aufschluß über die Geschichte von Land und Leuten (Seite 51)

3 St. Sigmund und Schloß Ehrenburg
Ein kirchliches und ein weltliches Repräsentationsgebäude (Seite 58)

4 Burg Taufers
Ein mächtiger Tiroler Wehrbau (Seite 58)

5 Antholzer Tal
Das weitläufige Tal ist eine erholsame Winter- und Sommerfrische (Seite 52)

6 Pragser Wildsee
Ein Erlebnis für Augen und Seele (Seite 54)

7 Altstadt von Bruneck
Das Städtchen an der Rienz ist der Verkehrs- und Kulturmittelpunkt des Pustertals (Seite 50)

8 Fischleintal
Ein Spaziergang durch das Fischleintal präsentiert die besten Seiten der Sextener Bergwelt (Seite 54)

beachte nur die vielen Ortsnamen auf -ing- und -heim in der Brunecker Talweitung.

Festgefügt und markant ist auch der bayerische Einfluß in der Agilolfingergründung des *Stifts Innichen* (769), dessen Sinnbild, der Innichner Dom, das schönste und größte romanische Bauwerk Deutschtirols genannt wird. Pusterer Eigenständigkeit drückt sich auch in der Bischofsburg von Bruneck aus, deren Erbauer Bruno zwar Brixner Bischof war, aber der Stadt seinen Namen und dem bischöflichen Amtmann für das Pustertal einen höchst herrschaftlichen Sitz gegeben hat. Für den Verkehr dient das Pustertal als Brücke zwischen dem Brenner und Kärnten beziehungsweise Venetien.

BRUNECK (BRUNICO)

☞ **Stadtplan in der hinteren Umschlagklappe**
(106/A6) ★ ◁▷ ✪ Der Hauptort (835 m; ca. 12 500 Ew.) des Pustertals ist nach Lage und Bedeutung ein idealer Stützpunkt für Erkundungsfahrten gegen Norden (Ahrntal), Westen (Unterpustertal), Osten (Oberpustertal) und Süden (Gadertal/Ladinien). Auf der West-Ost-Achse bietet sich als Verkehrsmittel dazu auch die Bahn an, in alle Richtungen gibt es von Bruneck Linienbusse.

Aber auch wer sein Ferienquartier in der ländlichen Umgebung Brunecks oder auf einem der im Pustertal besonders stattlichen Bauernhöfe nimmt, ist Bruneck einen Besuch schuldig, und sei es auch nur, um das

PUSTERTAL

Rienzstädtchen mit offenen Augen zu durchbummeln. Man könnte am Graben beginnen und gegen Westen gehen, einen Blick in die *Ursulinenkirche* werfen und dort sehen, wie eindrucksvoll eine gotische Kirche, von unechtem Ballast befreit und nur mit wenigen hochwertigen alten und neuen Stücken ausgestattet, sein kann. Durch das Ursulinentor geht es dann in die *Stadtgasse,* deren Häuserzeilen aus dem 15. und 16. Jh. sie zum »Festsaal« der Stadt und einer der schönsten Straßen Tirols machen. Das Haus Nr. 29 der Stadtgasse war das Wohnhaus des Künstlers Michael Pachers. Auch die Häuser Nr. 23 und 16 mit ihren Fassadenmalereien können zum Schauen reizen (es sei denn, man hätte Augen nur für die Schaufenster).

Weiter gegen Osten spazierend, kommt man durch das Oberragener Tor in die schon außerhalb der Stadtbefestigung gelegene »Oberstadt«, die ländlich geprägt ist und ihren wichtigsten Akzent durch den *Ansitz Sternbach* und die *Mariensäule* davor erhält. Beim Weiterspazieren setzt sich die neuromanische *Pfarrkirche* historisierend in Szene. Bemerkenswert die Ansitze nächst der Pfarrkirche, wovon das *Ragenhaus* zum vielbesuchten Kulturtreffpunkt umgestaltet worden ist. Genüßliches am Wege: *'s Lokal*, origineller Pub mit Terrasse, *tgl. 9–24 Uhr, Kat. 3.* Der Weg geht weiter hinauf zur *Bischofsburg* – im Sommer Sitz einer internationalen Ferienakademie – und könnte jenseits der Burg noch zum *Soldatenfriedhof* im Wald gehen, der an den Blutzoll der Dolomitenfront im Ersten Weltkrieg erinnert.

MUSEUM

Volkskundemuseum

★ ☙ Das wichtigste Museum der Brunecker Gegend liegt in Dietenheim. Wenn man es spazierend von Bruneck her ansteuert, kommt man an dem kunsthistorisch hochbedeutenden *Bildstock* mit stilbildenden Fresken des Hans von Bruneck (um 1430) vorbei und wird allmählich eingestimmt auf den Liebreiz des Dorfs Dietenheim mit Pfarrkirche und schönem Friedhof und mit all seinen Edelsitzen, von denen einer, der Ansitz *Mair am Hof,* inzwischen Sitz des Volkskundemuseums ist. Bemerkenswert sind aber nicht nur die Sammlungen dort, sondern das große Freigelände mit mehreren hierher »verpflanzten«, besonders urtümlichen Bauernhäusern, Stadeln und Handwerkerhäusern sowie vielen Schaustücken zur Geschichte von Geräten und Maschinen. *April bis Mitte Nov. Di-Sa 9.30–12, 14 bis 18 Uhr, So und feiertags 10–12 Uhr, Eintritt: 3000 Lit, Kinder frei*

RESTAURANTS

Im Pustertal gibt es besonders viele Knödel- und Krapfenvarianten, die übrigens hier »Tirtlen« heißen.

Schöneck in Mühlen bei Pfalzen

Edle Regionalküche, durch Qualität in Küche und Weinkeller den Abstecher wert. *Tgl. außer Mo und Di mittags, Tel. 04 74 56 55 50, Kat. 1*

Weißes Lamm in Bruneck

❂ Schon der Atmosphäre wegen ist das *Lamm* mit der alten

Künstlerstube im 1. Stock einen Besuch wert. *Stuckstr. 5, Tel. 04 74 41 13 50, tgl. außer So 12–14, 18.30–23 Uhr*

HOTELS

Pustertalerhof
Design ohne Tirolklischee, auch Apartments. *Kiens, 30 Zi., Tel. 04 74 56 52 30, Fax 04 74 56 57 11, Kat. 1*

Royal Hotel Hinterhuber
Etwas außerhalb in Reischach gelegen. *120 Zimmer. Reischach, Tel. 04 74 54 82 21, Fax 54 80 48, Kategorie 1*

Taubers Vital-Hotel
Konsequent umweltbewußtes Haus. *Pustertalerstr. 7, Kiens-St. Sigmund, 24 Zi., Tel. 04 74 56 95 00, Fax 04 74 56 96 73, Kat. 1*

SPIEL UND SPORT

Bruneck und Umgebung bieten reichlich Zerstreuung bei allen gängigen Sportarten, besonders im Sportdorado von *Reischach*, dazu das *Crontour-Skigebiet* am Hausberg Kronplatz mit vielen Lifts und allem, was dazugehört – einschließlich Anschluß an den Skipaß Dolomiti. Crontour bietet auch geführte Bergtouren an.

AM ABEND

Theater im Pub
♣ Hier treffen sich Theaterfans. *Dantestr. 2*

AUSKUNFT

Tourismusverein, Europastr. 4, 39031 Bruneck, Tel. 04 74 55 57 22, Fax 55 55 44

OBERPUSTERTAL

(114–115/A–D 1–2) Das etwa 80 km lange Pustertal wird auf fast dem gesamten Talverlauf von der Rienz begleitet. Das Oberpustertal erstreckt sich östlich von Bruneck bis Toblach nach der österreichischen Grenze. Über viele Jahrhunderte diente es als wichtige Handelsstraße von Venedig nach Tirol. Die Seitentäler, die sich links und rechts des Pustertals erstrecken, konnten sich ihren bäuerlichen Charakter weitgehend bewahren. Neben der Land- und Forstwirtschaft leben die Bewohner des Tals und seiner Umgebung zu einem großen Teil vom Tourismus.

ZIELE IN DER UMGEBUNG

Antholzer Tal (106/B–C 4–6)
★ ☘ Dieses Tal erstreckt sich nördlich von Olang ca. 20 km weit in nordöstlicher Richtung und stellt über den Stallersattel (2050 m) eine sommerliche Paßverbindung mit dem österreichischen Defereggental her. Es ist eine noch recht stille, wald- und wildreiche Sommerfrische; gute winterliche Schneeverhältnisse haben das Tal zu einem beliebten Langlaufgebiet und zum Austragungsort für Biathlon-Wettbewerbe gemacht.

Der verträumte *Antholzer See* kann auf einem Spaziergang umrundet werden. Das geschützte Biotop von *Rasen-Antholz* (1100 m) ist eines der rar gewordenen alpinen Hochmoore mit äußerst seltenen Pflanzengemeinschaften.

Wenig weiter taleinwärts bot einst das alte »Weiberbad« *Bad Salomonsbrunn* mit einer radon-

PUSTERTAL

haltigen Quelle Heilung für vielerlei Beschwerden. Einkehren kann man im schönen Kur- und Gastbetrieb *Bad Salomonsbrunn, Antholz-Niedertal, Tel. 04 74 49 21 99, Kat 2.*

Das Antholzer Tal besitzt viele zum Verweilen einladende Gastbetriebe. Herrschaftlich (und zugleich wegen der kostbaren Renaissancetäfelung kunsthistorisch bedeutsam) ist das Wohnen im *Ansitz Heufler. Rasen-Antholz, 8 Zi., Tel. 04 74 49 85 82, Fax 04 74 49 80 46, Kat. 2.*

Auskunft: *Tourismusvereine Rasen und Antholz, Tel. 04 74 49 62 69 und 04 74 49 21 16, Fax 04 74 49 80 99 und 04 74 49 23 70*

Gsieser Tal (107/D 5–6)

Von ähnlicher Ursprünglichkeit und sanfter Modellierung wie das Antholzer Tal ist das bei Welsberg nach Norden abzweigende Gsieser Tal (27 km bis zum Gsieser Törl in 2200 m Höhe). Die behäbigen Paarhöfe (etliche, z. B. der *Blaslerhof in St. Martin, Tel. 04 74 97 84 40*, beherbergen Gäste aufs angenehmste) sind Blickfänge auf vielen Spazierwegen. Der ins Toblacher Silvestertal (Kapelle St. Silvester auf der Alm, ca. 1900 m, mit hervorragenden spätgotischen Fresken der Brixner Schule) ist besonders lohnend. Der *Almweg 2000* führt von Alm zu Alm auf 2000 m Höhe.

Auskunft erteilt der *Tourismusverein, 39030 St. Martin-Gsies, Tel. 04 74 97 84 36.*

Innichen (115/E 2)

Das Gebiet dieser Gemeinde (1170 m) reicht bis zur Staatsgrenze bei Winnebach und ist ein Hauptziel für kunst- und sportinteressierte Urlauber. Diese haben im neuen Sportzentrum und in den Skigebieten am Haunold (2943 m) und Helm (2433 m) allerlei Betätigungsmöglichkeiten; jene werden sich vor allem der romanischen Stiftskirche aus dem 13. Jh., dem ★ *Innichner »Dom«* zuwenden, der mit der Klostergründung durch den Bayernherzog Tassilo III. im Jahr 769 im Zusammenhang steht.

Anläßlich der 1200-Jahr-Feier Innichens 1969 wurde der Komplex restauriert und bietet sich nun als am besten erhaltener romanischer Sakralbau Tirols dar. Auch die Krypta mit den urtümlichen Säulen wurde wieder freigelegt. Außerordentlich eindrucksvoll in ihrer strengen Monumentalität sind auch die gewaltige Kreuzigungsgruppe (nach 1250) im erhöhten Chor, die Kuppelfresken zur Schöpfungsgeschichte (um 1284), das Südportal und das dem Umkreis zugehörige Michael Pachers Fresko mit den Kirchenpatronen und Kaiser Otto I.

Im *Stiftsmuseum* neben dem Dom, früher »Kornkasten«, also Getreidespeicher, genannt, dokumentieren Bilder, Skulpturen, Handschriften und Urkunden die prägende kulturelle Wirkung des ältesten Tiroler Stifts. *Stiftsmuseum Innichen: Juni–Okt. Do – Sa 17–19, So 10–11 Uhr, zusätzliche Öffnungszeiten im Hochsommer, Eintritt 2000 Lit.*

Auskunft erteilt der *Tourismusverein 39038 Innichen, Tel. 04 74 91 31 49, Fax 91 36 77.*

Niederdorf (114/C 2)

Die Ortschaft (1155 m) an der Pustertaler Straße ist seit Urzeiten eine wichtige Rast- und Zollstation gewesen. Davon zeugen der römische Meilenstein von 250, die vielen Gasthäuser und die Sommerfrischtradition. *Tourismusmuseum* im Haus Wassermann, *15. Juli–15. Sept. Di–So 16–19 Uhr*

Sexten (115/E 2)
◁▷☩ Das von Innichen südöstlich zum Kreuzbergpaß ziehende Seitental mit dem märchenhaft-verwunschenen, Spaziergängern und Bergwanderern vorbehaltenen ★ *Fischleintal* präsentiert die Bergwelt der Dolomiten besonders eindrucksvoll. Die »Bergsonnenuhr« der Sextener Gipfel (Neuner, Zehnerköfele, Elfer, Zwölfer, Einserkofel) läßt sich zur Zeit der Wintersonnenwende an der Golserbachbrücke zwischen St. Veit und Moos ablesen; das dreifache Felsmal der Drei Zinnen (bis 2999 m) und die Abstürze der Dreischusterspitze (3152 m) sind ganzjährig beliebte Fotomotive. Klassische und »wilde« Kletterpartien, aber auch mildere Wanderungen, etwa die Rundwanderung vom Kreuzbergpaß zur Nemesalm und zurück machen Sexten bei vielen Urlaubern beliebt, bei den Skisportlern natürlich besonders (Anschluß an den Skipaß Dolomiti). Sportlich und sehr erlebnisbetont geben sich vor allem auch die Sextner Hotels. Ungewöhnlich mitten im Hochgebirge: Wohnkomfort und kulinarische Küche im *Hotel-Restaurant Kreuz Berg Pass. Ebendorf, 50 Zi., Tel. 04 74 71 03 28, Fax 04 74 71 03 83, Kat. 2*

In der Gemeinde Sexten (1315 m), die übrigens im Ersten Weltkrieg fast völlig zerstört wurde, lebt noch die alte Tradition der Krippenschnitzerei. Die Friedhofsfresken des Südtiroler Malers Rudolf Stolz (1924) und das nach ihm benannte Museum mit weiteren Arbeiten bilden ein kleines künstlerisches Gegengewicht zum Naturerlebnis Sexten. *Tgl. 10–12, im Sommer häufiger*

Auskunft: *Tourismusverein, 39030 Sexten, Tel. 04 74 71 03 10, Fax 04 74 71 03 18*

Talkessel von Olang (114/A–B 1–2)
◁▷☩ Der weite Talkessel von Olang (1024–1083 m) mit der Berggemeinde Geiselsberg ist ein Wintersportdorado mit Anschluß an das Skikarussell des Kronplatzes. Olang ist auch Zwischenstation des Pustertaler Skimarathons (Mitte Januar, von Toblach aus). Im Sommer wirbt Olang mit Reitgelegenheiten im nahen Reischach, mit seiner Sommerweinkost und mit dem Kirchtagsfest rund um den »Michl« am ersten Septembersonntag. Eine lohnende Wanderung von vielen führt von Olang über die Brunstalm zum Pragser Wildsee (Rückfahrt per Linienbus).

Auskunft erteilt der *Tourismusverein, 39030 Olang, Tel. 04 74 49 62 77, Fax 04 74 49 80 05.*

Talschaft Prags (114/B–C 2)
Von Welsberg in südlicher Richtung erschließt die ◁▷ Talschaft von Prags (1218–2000 m) mit der Hochfläche der *Plätzwiese* (1993 m, mit Gasthaus, Kapelle und interessanten Erosions-»Felsbildern«) und mit dem ★ *Pragser Wildsee* (1495 m) zwei berühmte Landschaftsattraktionen der Dolomiten. Der Rundgang um den See zu Füßen der

PUSTERTAL

mächtigen Seekofel-Mauer ist besonders im Herbst ein schönes Erlebnis.

Im anderen Talast lohnen sich ein Besuch im altgeschätzten *Bad Altprags* (1380 m) und eine Aussichtstour auf den markanten *Dürrenstein* (2840 m), dessen gepriesener Panoramablick die zweistündige Aufstiegsmühe leicht aufwiegt.

Auskunft erteilt der *Verkehrsverein 39030 Prags, Tel. und Fax 04 74 74 86 60.*

Toblach (115/D 2)

Die Gemeinde Toblach (1243 m, Wasserscheide zwischen Adria und Schwarzem Meer) hatte in Gustav Mahler, der in *Altschluderbach* (Museum und »Komponierhäuschen«!) u. a. seine 9. Symphonie komponierte, ihre Sommerfrische-Berühmtheit.

Der Ort, der seinem ehemaligen Gast seit Jahren sommerliche Gustav-Mahler-Musikwochen widmet, verfügt mit der *St.-Johannes-Pfarrkirche* über eines der homogensten und prächtigsten barocken Gotteshäuser des Landes, mit reichen Deckenfresken von F. A. Zeiller (1769) und Altären von Joh. Perger (1774). Das Ortsbild prägen ferner der *Edelsitz Herbstenburg* (um 1500) und das ehemalige *Gerichtsgebäude* (heute der Sitz des Rathauses).

Das *Silvestertal* (**115/D 1-2**) nördlich von Toblach erlaubt einsames Wandern und genußvolles Schauen (zum Beispiel vom *Radsberg,* 1600 m, Sessellift) auf die Deferegger Berge und die Dolomiten. Dem Namen Deferegger – diesmal zum berühmten Tiroler Historienmaler gehörend – begegnet man bei der Einkehr im originellen und gediegenen Gasthaus *Enzianhütte* in Wahlen, mit dessen origineller Wirtin Theresia Kröll den Malerfürsten eine langjährige Freundschaft verband. *Tel. 0474 97 90 72, tgl. geöffnet, Kat. 2*

Auskunft beim *Tourismusverein, 39034 Toblach, Tel. 04 74 97 21 32, Fax 04 74 97 27 30*

Die Gemeinde Toblach ist eine erholsame Sommerfrische

Welsberg **(114/C 1)**
Im 1085 m hoch gelegenen Geburtsort Paul Trogers (1698) sind die drei Altarbilder in der barocken Pfarrkirche aus der Hand des gefeierten Freskomeisters einen Besuch wert. Das *Welsberger Schloß*, das gegenwärtig für kulturelle Zwecke wiedergewonnen wird, ist Ausgangspunkt der schönen Wanderung über den »Römerweg« bis nach Toblach.

Das kleine Dorf *Taisten* **(114/C 1)** nicht weit von Welsberg ist mehr als 1200 Jahre alt und liegt 1200 m hoch am Eingang zum Gsieser Tal. Es ist für Kunstinteressierte ein besonderer Leckerbissen: Vom Bildstock am Dorfeingang (1460) über die Freskenschätze des Simon von Taisten (1495) in der Georgskirche mit romanischer Rundapsis und spätgotischem Netzrippengewölbe geht der Weg zum Friedhof (Jakobskapelle, Gemälde des S. v. Taisten) und zur Rokoko-Pfarrkirche aus dem Jahr 1770, die vom Hofmaler der Brixner Bischöfe, Franz A. Zeiller, glanzvoll ausgemalt wurde.

Auskunft erteilt der *Tourismusverein, 39035 Taisten, Tel. 04 74 94 40 10, Fax 04 74 94 47 40, Tourismusverein Welsberg, Tel. 0474 94 41 18, Fax 04 74 94 45 99.*

TAUFERERTAL/ AHRNTAL

(106/A 4–6) Die Talfurche von Tauferer- und Ahrntal ist eigentlich ein Talsystem für sich – und ein faszinierendes Ausflugs- oder Feriengebiet durch die vergletscherten Dreitausender der Zillertaler-, Rieserferner- und Tauerngruppe.

Schon im vorderen Teil, dem *Taufererertal*, wäre in *Gais* (835 m) ein Halt angezeigt für die dreischiffige romanische »Dorf-Basilika«, die nach dem Innichner Dom als ein bedeutendes Sakraldenkmal der Romanik im Pustertal angesehen wird. Auch die Fresken in der Südapsis und in der Friedhofskapelle sind betrachtenswert. Mit dem barocken Pflegerhaus und den *Burgen Neuhaus* (Zimmervermietung, Burgschenke) und *Kehlburg* hat Gais weitere bauliche Attraktionen – und dazu hoch an den steilen Talflanken die »schwebenden Erker« (Rampold) der Berghöfe, deren extreme Lagen das Bild des Tauferer- und Ahrntals augenfällig prägen. 700 m Höhendifferenz zur Talsohle sind hier keine Seltenheit. Von den schwierigen Bedingungen der Bergbauern kann man sich auf schmalen Sträßlein und Wanderwegen überzeugen, am besten in den Weilern *Tesselberg, Mühlbach* und *Lanebach.*

Auskunft erteilt der *Tourismusverein, 39030 St. Georgen, Tel. 04 74 55 06 98.*

Das *Ahrntal* **(106/A–B 1-3)** zieht sich hinter Sand in Taufers erst in nördlicher, dann nordöstlicher Richtung hin bis zur Birnlücke, einem hohen Übergang ins Salzburgische. Seine Bewohner heißen in der Umgebung »Tölderer«: die Leute aus dem Tal. Und ein Gebirgstal par excellence ist das Ahrntal auch wirklich, geprägt von den hohen Inseln der Berghöfe, von den Schraffuren der Wildbäche in den steilen Flanken – und von den Menschen, die es mit diesen Schwierigkeiten aufgenommen haben.

PUSTERTAL

Auf der Talstraße passiert man zuerst Luttach (970 m), von wo aus sich ein Abstecher ins *Weißenbachtal* lohnt. Über *St. Johann* mit eindrucksvoller barocker Pfarrkirche und einem Privatmuseum mit alpinen Schätzen geht es nach *Steinhaus* (1050 m), wo – nomen est omen – die stattlichen Bauten der früheren Ahrner Handelsherren ins Auge fallen: der Ansitz Gassegg, das Faktorenhaus (heute Rathaus) und gegenüber der alte Erzstadel, der sogenannte »Kornkasten« mit Versinschrift, die sich auf die Bergbautradition des Tals bezieht. Die Kirchhügel von St. Jakob und St. Peter sind malerische Akzente in einer oft von Katastrophen heimgesuchten Gegend. In *Prettau* (1475 m), wo der Kupferabbau seit dem 15. Jh. gewerbsmäßig betrieben wurde und stark kulturprägend gewirkt hat, ist ein neues Besucherbergwerk (mit Asthmaheilstollen) entstanden. *April–Ende Okt., Di–So 9.30–16.30 Uhr.* Auskunft erteilt der *Tourismusverein, 39030 Prettau, Tel. 04 74 65 41 88.*

Prägend sind im hinteren Ahrntal bis heute die alten Hausgewerbe des Spitzenklöppelns und Holzschnitzens (besonders Masken als Nachwirkung der von Prettauer Knappen getragenen Theaterkultur).

Noch weiter gegen den Talschluß zu: der Weiler *Kasern* (viele Tourenmöglichkeiten, z. B. über den »Knappensteig« zur Lenkjöchlhütte) und die einsame Bergwallfahrt *Heilig Geist* (1620 m), um 1455 für die Bergknappen gebaut, mit zierlichem Netzrippengewölbe, von wo aus das sagenumwobene, durchschossene Kruzifix jedes Jahr beim Bittgang der Ahrntaler und Tauferer Bauern zur »Kornmutter« nach Ehrenburg getragen wird.

ZIELE IN DER UMGEBUNG

Mühlwalder Tal (105/E–F 3)
Dieses bei Mühlen abzweigende Tal leitet in die imposante Fels- und Firnkulisse der Zillertaler Hauptgipfel hinauf. *Lappach* (1435 m) ist vor allem unter Hochtourengehern bekannt, zum Beispiel als Stützpunkt für die großartige, gletschernahe Neves-Höhenwanderung, freilich nur für Erfahrene und Ausdauernde. Für Ungeübte gibt es immerhin den Augengenuß des Tiroler Bergdorfs mit seinem mustergültig gestalteten Friedhof.

Auskunft erteilt der *Tourismusverein, 39030 Lappach, Tel. 04 74 65 32 00.*

Reintal (106/A–B 3–4)
Wer es mit Erlebnissen der naturnahen Art hält, der kommt im nahen Reintal auf seine Kosten: Atemberaubend wild ist der Eindruck der Reinbach-Wasserfälle, an die man vom Toblhof an der Talstraße rasch und bequem herankommen kann. Bis zu 40 m tief stürzen die Wassermassen über senkrechte Schluchtwände im freien Fall in die Tiefe. Zwischen senkrechten Felswänden liegt auch der *Koflerhof*, den man unweit der Toblerbrücke von der Straße aus sieht: Fast 1500 m hoch und lange Zeit nur über einen schwindelerregenden Fels- und Leiterweg zu erreichen, ist dieser Hof zum Synonym für die Beharrlichkeit der Bergbauern geworden. Weiter talein- und

aufwärts ist das ☀︎ *Dorf Rein* (1595 m) mit seinem großartigen Gletscherblick ein idealer Stützpunkt für ausgedehnte Touren in der Rieserfernergruppe (bis 3435 m). An der sonnigen Hanglehne entlang vom freundlichen Ahornach (1220 m) bis nach Rein kann man eine außerordentlich schöne Almwanderung machen.

Sand in Taufers (106/A 4)

☀︎ ✱ Der Talboden war früher oft von Murbrüchen, Lawinen und Überschwemmungen heimgesucht. Jetzt wirkt er sanft und friedlich, auch wegen der dem Gemeindezentrum Sand (865 m) vorgelagerten prächtigen *Mariä Himmelfahrtskirche*, eines Hauptwerks der Tiroler Gotik vom Anfang des 15. Jhs. Der »Kornkasten« neben der Kirche beherbergt inzwischen diebstahlsicher die seltenen gotischen Kunstobjekte des *Pfarrmuseums (Juni–Okt. Mo–Sa 16 bis 17 Uhr, So und feiertags ab 11 Uhr).*

★ Die *Burg Taufers*, eine der mächtigsten Tiroler Wehrbauten (13.–15. Jh.), imposant auf hohem Fels gelegen, trotzdem leicht erreichbar und vollständig eingerichtet (Burggeist inklusive), ist nur mit Führung zu besichtigen *(Auskunft Tel. 04 74 67 82 19).* Typisch für das Ortsbild von Sand i. T. ist auch der Ansitz *Neumelans* (1583).

Sand i. T. hat durch die nahen Skigebiete *Speikboden* und *Klausberg* in den letzten Jahren auch jene Art von Aufschwung erfahren, der es für die Sport- und Amüsierbetrieb liebenden jungen Leute zu einem Trendziel macht, Drachenfliegen und Paragleiten inklusive.

Auskunft erteilt der *Tourismusverein, 39032 Sand i. T., Tel. 04 74 67 80 76, Fax 04 74 67 89 22.*

UNTERPUSTERTAL

(105/D–F 4–5) Westlich von Bruneck erstreckt sich das Unterpustertal bis nach Mühlbach, der alten Zollstation zwischen der Grafschaft Görz und der Bischofsstadt Brixen. Links und rechts des Tals finden sich immer wieder schöne Abstecher und Alternativrouten, die wunderbare Ausblicke auf die gewaltige Gebirgslandschaft der Dolomiten erlauben.

ZIELE IN DER UMGEBUNG

Kiens und Vintl (105/E–F 4–5)

☀︎ Die beiden Gemeinden haben zwei erstrangige Sehenswürdigkeiten: Das ★ *Barockschloß Ehrenburg*, seit dem 13. Jh. im Besitz der Grafen Künigl. Sehenswerte Repräsentationsräume des Fürstbischofs Künigl *(geöffnet Juli–Mitte Sept.)*, und die ★ *Kirche von St. Sigmund* **(105/E 4)**. In St. Sigmund steht einer der ältesten und bedeutendsten Flügelaltäre Tirols (vor 1450). Ein Stück weiter talauswärts, in Obervintl, fällt der sorgsam restaurierte *Ansitz Baumgarten* auf, der als Pension eine reizvolle Adresse ist. *Tel. 04 72 86 81 15, Kat. 2*

Mühlbach (105/D 5)

Hier zwängt sich die Straße durch die alte Zollstation, die eben restaurierte Klause, einst Grenzpforte zwischen den Grafschaften Eisack- und Pustertal. Mühlbach selbst, Markt seit 1269, gibt sich mit Bürgerhäusern, dekorierten Fenstern und

PUSTERTAL

Portalen so stattlich wie städtisch. Wer diesem Charakter gemäß wohnen will, kann dies im historischen *Ansitz Kandlburg, Richtergasse 4, Tel. 04 72 84 97 92, Kat. 2*. Feinste Küche bietet das Restaurant *Pichler (tgl. außer Mo und Di mittag, K.-Lanz-Str. 5, Tel. 04 72 84 94 58, Kat. 1)*.

Auskunft erteilt der *Tourismusverein, 39037 Mühlbach, Tel. 04 72 84 94 67, Fax 04 72 84 98 49*.

Pfunderer Tal (105/D 3–4)
Das Tal gewährt von Vintl nordwärts ziehend nicht nur schöne Ausblicke, sondern auch Einblicke der nachdrücklichsten Art in die mehr als harten Lebensbedingungen auf den steilen, himmelhohen Hofstellen.

Pusterer »Sonnenstraße« (105/E–F 4)
Die Empfehlung, das Pustertal von seinen Höhen zu erleben, gilt im besonderen Maß für die sehr schöne Mittelgebirgsterrasse zwischen Pfalzen und Terenten. Die Straße führt von Stegen bei Bruneck bzw. Vintl über eine Hochfläche mit vielen Wandermöglichkeiten sowie Natur- und Kunstdenkmälern, etwa den *Erdpyramiden* im Erosionsgelände des Terner Bachs oberhalb von Terenten (1200 m), und zu den sieben Mühlen, die sich auf einer 2½stündigen Rundwanderung von Terenten aus erkunden lassen. Nicht weit von Terenten, beim Weiler *Issing*, dessen Weiher als romantischer Badesee beliebt ist, steht die berühmte *Schlangenfeicht* (**105/E 4**) (gleich unterhalb der Straße), eine 25 m hohe, 80 Jahre alte Fichtensäule mit eng am Stamm anliegenden Ästen und Zweigen.

Eine stille Insel zwischen Wiesen und Äckern in der Nähe von *Pfalzen* (1020 m) ist die *Valentinskirche* (**105/F 4**) in Greinwalden, die wegen ihrer neu aufgedeckten Wandmalereien aus der Schule M. Pachers großes Interesse findet.

Auskunft erteilt der *Tourismusverein, 39030 Terenten, Tel. 04 72 54 61 40*.

St. Lorenzen (105/F 5)
An der Abzweigung ins Gadertal gelegen, kulturträchtig seit der Steinzeit. Grabungen haben hier das *Römerlager Sebatum* mit einem Meilenstein aus dem Jahr 218 (der heute aufgestellte Stein ist eine Kopie) zum Vorschein gebracht. Die mittelalterliche Blütezeit des Markts wird unterstrichen durch die stattlichen Häuser und behäbigen Gasthäuser, vor allem aber durch eines der bedeutendsten Kunstwerke des Pustertals, Michael Pachers berühmte Traubenmadonna (um 1462) in der *Pfarrkirche*, Herzstück eines auf München und Wien verteilten Flügelaltars.

Valser Tal (104/C 3–4)
Hier ist zwar, noch stärker als im stilleren Pfunderer Tal, der Betrieb des Ski- und Wandergebiets *Gitschberg* (2512 m) spürbar. Aber es gibt weiter drinnen noch genügend Tourenvarianten für beschauliche Wanderungen: Ein Beispiel ist die Strecke vom Almdorf Fane zum Wilden See und weiter übers Rauhtaljoch (2800 m) zur Brixner Hütte bis hin zur hochalpinen, mehrtägigen Überschreitung der Pfunderer Berge auf dem gleichnamigen Höhenweg.

LADINIEN

Skulpturen in Fels und Holz

Die in Ladinien geschaffenen Holzschnitzereien genießen seit langem Weltruf

Die Dolomiten und Ladinien: Synonyme für gründliche Erschließung und tüchtige Vermarktung, aber auch eine Landschaft für Spurenleser und Hellhörige. Spuren der Erdgeschichte halten die Dolomiten fest, archaische Klänge konservieren die Sprache der beiden ladinischen Täler Südtirols, des Grödner- und des Gadertals. Die beiden Hauptzufahrten vom Eisacktal bei Waidbruck und vom Pustertal bei St. Lorenzen sind die bequemsten, aber nicht die einzigen Einfallstrecken; natürlich werden sie von Linienbussen bedient. In größerem Bogen (und teilweise schon in der Nachbarprovinz Trient gelegen) kann man über das Eggental und den Karerpaß anfahren und gleich die »Große Dolomitenrunde« absolvieren – großen Verkehr (zur Hauptreisezeit) inklusive. Für die Art des Schauens und Horchens, die hier propagiert werden soll, empfehlen sich eher die schmaleren, stilleren Zugänge, etwa von Olang über die Furkel (Frühling bis Herbst) nach Enneberg/La Pli de Mareo (1281 m) und St. Vigil/Al Plan de Mareo (1210 m), wo es sich trefflich sinnieren läßt über die schwierige Balance zwischen Bewahrung und Entwicklung.

GADERTAL UND SEITENTÄLER

Wie das Grödnertal war auch das Gadertal lange Zeit nur durch einen schluchtartigen Talausgang zu erreichen. Heute führt eine gut ausgebaute Straße bei St. Lorenzen in das nach Süden ausgerichtete Tal mit seinen schönen Seitentälern, dem Naturpark Fannes-Sennes-Prags und seinen bekannten Skizentren wie Enneberg und Corvara.

ORTE IM GADERTAL UND IN DEN SEITENTÄLERN

Enneberg **(113/F 1)**
✺ ☯ Ein Dorf mit 1000jähriger Marienwallfahrt, zu der die

Der Langkofel läßt sich auf dem Felsweg erklettern, auf dem Spazierweg umwandern oder ein Stück weit per Gondel »erschweben«

Leute seit mehr als 350 Jahren pilgern, ohne den Appeal touristischer Infrastrukturen. Wer an der stillen Schönheit von Enneberg Gefallen gefunden hat, wird gern jenen Seitenast des Gadertals verfolgen, der als *Rautal* (befahrbar bis Pederü) mitten hineinführt in den *Naturschutzpark Fanes-Sennes-Prags.* Wer hier zu wandern beginnt – etwa über die karstigen Hochflächen der Fanesgruppe und der *Sennesalm* (z. B. ↯ Fanes-Höhenweg, ★ Fosses-Sennes-Runde, Krippestal) –, der begreift den Ruf dieses Gebiets als einer von Sagen gleichsam übersponnenen Landschaft.

Ladinia (113/F 4)

↯ ★ Corvara und Kolfuschg/Calfosch bilden zusammen die Gemeinde Ladinia (1565–1645 m), dominiert von der zu sprichwörtlicher Dolomitenschönheit aufgetürmten, monumentalen Sellagruppe und dem monolithischen Sass Songher. Sprichwörtlich – und nun eher mit dem Attribut »super« (wie »Superski Dolomiti«) ausgestattet – ist auch die überdurchschnittlich hohe Besuchsfrequenz des Hochabtei-Gebiets, einer Urlaubsschaukel mit allen Reizen des sportlich akzentuierten Aktivtourismus. Durch Wanderungen lassen sich die beiden ladinischen Täler durch zwei großartige Höhenwege verbinden: ↯ Der kürzere führt in etwa $4\frac{1}{2}$ Stunden vom Grödner Joch über die Puezhütte (2475 m) und durch das Langental nach Wolkenstein/Sëlva. ↯ Der längere, von Wolkenstein durchs Langental und über Puez- und Gardenazzahütte nach Stern/La Villa, verläuft über den sowohl Gröden als auch dem Gadertal angehörigen, gewaltigen ★ *Bergstock der Gardenazza* (2000–2600 m), eine einsame Hochfläche von wüstenhafter Fremdartigkeit, die als Kontrastprogramm zu den üblichen Dolomitentouren sehr zu

MARCO POLO TIPS FÜR LADINIEN

1 Alt-Wengen
Weit verstreute Einzelhöfe sind charakteristisch für dieses Dorf (Seite 64)

2 Sennes-Runde
Ein Weg durch eine gleichsam mythische Landschaft (Seite 62)

3 Höhenkirchlein Heiligkreuz/La Crusc
Die fast 1000 Jahre alte Kirche liegt vor einem einzigartigen Bergpanorama (Seite 63)

4 Hochwanderung über den Gardenazza-Bergstock
Eine Wanderung jenseits der Touristenrouten (Seite 62)

5 Heimatmuseum St. Ulrich
Das Museum bietet eine Dokumentation der Grödner Ur- und Frühgeschichte (Seite 65)

6 Fischburg bei St. Christina
Sommerresidenz und Jagdschloß aus der ersten Hälfte des 17. Jhs. (Seite 65)

LADINIEN

empfehlen ist. Kulinarischer Kontrast zur schlichten Schutzhüttenkost: *Restaurant Stria, Kolfuschg, Tel. 0471 83 66 20, So abends und Mo geschl.*

St. Kassian (114/A 4)
Vor dem gänzlichen Eintauchen ins mit allen denkbaren Sport- und Vergnügungsstätten ausgestattete Dreigestirn des Hochabteitals – Stern, Corvara und Kolfuschg – läßt sich, von Bruneck kommend, ein Abstecher nach St. Kassian/San Cascian (1535 m) machen, das außer Liften und Pisten auch ein Höhlenbären-Skelett im *Museum* und reizvolle Wandermöglichkeiten im Armentarola zu bieten hat. Prachtlage und feine Küche: das *Hotel Rosa Alpina, 60 Zi., Tel. 04 71 84 95 00, Fax 04 71 84 93 77, Kat. 1*.

Auskunft erteilt der Tourismusverband des Hochabteitals, *39030 La Villa, Tel. 04 71 84 70 37, Fax 04 71 84 72 77*.

St. Leonhard (113/F 3)
Hier in, auf ladinisch, San Linêrt de Badia (1350 m) gehen Natur und Kunst eine einzigartige Symbiose ein: die rötlichen Felsmauern des Kreuzkofels und der Lavarella und die *Rokokokirche* von 1778. Den Höhepunkt im wahrsten Wortsinn markiert das vor einzigartigem Bergpanorama gelegene, fast 1000 Jahre alte ★ ⚜ *Höhenheiligtum von Heiligkreuz/La Crusc* (2045 m, Gondellift). Betrieb im Cowboystil und Musik gibt es im bierpreisgekrönten ✝ *Badia Pub* in Pedratsches.

St. Martin (113/F 1–2)
Vom Gemeindehauptort St. Martin in Thurn/S. Martin de Tor (1135 m) mit dem gut erhaltenen Schloß Thurn, dem Sitz des ladinischen Talmuseums (im Aufbau), empfehlen sich Abstecher ins Campilltal/Lungiarü, das von den Geislerspitzen dominiert wird, und über Pederoa an der Talstraße entlang ins Tal von Wengen.

St. Vigil (114/A 2)
⚜ ✝ St. Vigil »mit allem Drum und Dran«, also dem des winterlichen Skibetriebs am Kronplatz, aber auch mit dem Juwel seiner *Rokokokirche* (Stukkaturen von Franz Singer, virtuose Fresken von Matthäus Günther, 1782, Kreuzwegstationen mit für die Entstehungszeit dokumentarischem Charakter von Carl Henrici, 1783), ist der umtriebigste Ort im Enneberg-Gebiet.

Auskunft beim *Tourismusverein, 39030 St. Vigil, Tel. 04 74 50 10 37, Fax 04 74 50 15 66*

Untermoi (113/F 1–2)
Ein ungewöhnlicher Zugang ins Ladinische ist von Brixen oder von Villnöß her möglich: Das von Frühjahr bis Spätherbst geöffnete ⚜ Sträßlein über das Würzjoch (2006 m) hinunter nach Untermoi/Antermëia (1515 m) bietet manchen Ausblick, der Ihnen auf den größeren Straßen verwehrt bleibt. Zum Einkehren lädt der Gasthof *Bad Valdander, Untermoi 9, Tel. 04 74 52 00 05, Kat. 3*.

Auskunft: *Tourismusverein, 39030 St. Martin i. T., Tel. 04 74 52 31 75*.

Wengen (114/A 3)
⚜ Wengen/La Val (1350 m) – eine Gemeinde mit charakteristischen, über weite Bergwiesen

verstreuten Einzelhöfen und den geologisch interessanten Wengener Schichten. Einen Besuch wert ist das spätgotische Knappenkirchlein St. Barbara (1490) in ★ *Alt-Wengen*, einem traumhaft schönen Bergweiler gegenüber der blendend weißen Kalk-Hochfläche von Gardenazza. Wengen ist der Heimatort des bedeutenden Barockkünstlers Dominikus Molling. Der Ort bietet mit dem südwestlich gelegenen, eng verbauten Weiler Ciampëi auch ein malerisches Beispiel für die typisch ladinische Siedlungsform der »Viles«.

GRÖDNERTAL (GHERDEINA)

(F3) Wege ins Ladinische: Die schluchtartigen Talausgänge von Gader- und Grödnertal mögen, trotz ihrer Nähe zu großen Durchzugsstraßen, die ladinische Sprache und Kultur mitbeschützt haben. Die früheren, steilen und beschwerlichen Wege nach Gröden über Klausen-Lajen oder Kastelruth-Runggaditsch sind heute bequeme und landschaftlich bezaubernde Fahrstraßen: Von der Autobahnausfahrt Klausen führt die eine über die Trasse der aufgelassenen Grödner Lokalbahn; die andere ist über die Völser Straße von Blumau her an den Bozner Kessel (Autobahnausfahrt Bozen-Nord) angebunden. Die Talstraße durch die Schlucht des Grödner Bachs zeigt Klammcharakter und ist auf diese Weise imposant, markant dominiert auch von der Trostburg der Wolkensteiner Grafen, deren Einfluß einst das ganze Tal geprägt hat.

Prägend bis heute ist in Gröden die Holzschnitzerei, einst Hausgewerbe für die Bergbauern, aber schon seit Mitte des 18. Jhs. durch wirksame Vermarktung mittels »Verleger« und Wanderhändler ein bedeutender, europa- und heute weltweit gestreuter Wirtschaftszweig. Von Frühstücksbrettchen über Schüsseln und Schalen bis hin zu Truhen wird alles aus Holz gefertigt.

Die künstlerische Qualität des Grödner Schnitzwerks ist abhängig von den Ansprüchen des Kunden: Massenware und ambitionierte, teils avantgardistische Einzelstücke entstehen nebeneinander. Einzelne Grödner Künstler sind über die traditionelle Herstellung von Kruzifixen und Krippen hinausgewachsen und zu Bildhauerpersönlichkeiten geworden, die sich sogar international behaupten können. Für den Sommer- und Wintertourismus bietet Gröden, wo neben anderen wintersportlichen Wettkämpfen alljährlich im Dezember Weltcup-Skirennen ausgetragen werden, alle erwarteten Infrastrukturen. Die drei Gemeinden St. Ulrich, St. Christina und Wolkenstein haben zusammen 10 000 Hotelbetten.

ORTE IM GRÖDNERTAL

Langkofel (113/D–E 4)
Passionierten Bergwanderern sei die zweitägige Rundtour um den Grödner Paradeberg Langkofel empfohlen (durchweg liegt der Wanderweg etwa auf 2000 m): Sellajochhaus – Plattkofelhütte – Zallinger auf der Seiser Alm (Übernachtung) – Comici-Hütte – Steinerne Stadt – Sellajochhaus.

LADINIEN

Holzschnitzer in St. Ulrich bei der Arbeit. Es werden vorwiegend sakrale, aber auch säkulare Objekte gefertigt

St. Christina (113/D 4)

Der 16000-Einwohner-Ort zwischen Wolkenstein und St. Ulrich ist voll auf Tourismus eingestellt. Wer seine Zelte hoch über St. Christina aufschlagen will, kommt in dem komfortablen *Sporthotel Monte Pana* bestens unter. *144 Zi., Tel. 04 71 79 20 28, Fax 04 71 79 35 27, Kat. 1.* Von hier aus lassen sich wunderbare Ausflüge in die Umgebung machen, beispielsweise zur repräsentativen ★ *Fischburg* aus der ersten Hälfte des 17. Jhs., die einst zum wolkensteinischem Besitz gehörte und als Sommerburg und Jagdschloß diente. Auskunft erteilt: *Verkehrsamt, 39047 St. Christina, Tel. 04 71 79 30 46*

St. Ulrich (112/C 3)

Mehr als eine halbe Million Übernachtungen zählt der Ort mit gerade mal rund 4500 Ew. pro Jahr. Kein Wunder, daß dem Urlauber zahlreiche Freizeitangebote zur Verfügung stehen. Das ★ ☆ *Heimatmuseum St. Ulrich/Urtijei* wartet auf mit zahlreichen Objekten aus der Grödner Ur- und Frühgeschichte sowie mit Exponaten zur Geschichte der Holzschnitzerei und der lokalen Kunst. *Saison Mo–Fr 10–12, 15–18 Uhr, sonst nur nachmittags, Eintritt 4000 Lit.* Ganz mit der Landschaft verwachsen ist das gotische *St. Jakobskirchlein* hoch über dem betriebsamen St. Ulrich. Sein spätbarockes Hauptwerk, die Bischofsfigur von Kassian Vinazer, ist im Heimatmuseum zu sehen.

Im Ort die Nummer eins in puncto Übernachtungen: *Aquila-Adler*. Anheimelnd ist auch das angeschlossene Restaurant. *176 Zi., Tel. 04 71 79 62 03, Fax 04 71 79 62 10, Kat. 1.*

Auskunft erteilt: *Verkehrsamt, 39046 St. Ulrich, Tel. 04 71 79 63 28, Fax 04 71 79 67 49*

Wolkenstein (113/D-E 4)

Ein intensives Landschaftserlebnis bietet der Besuch der kleinen ☆ *Burg Wolkenstein*, die am Talende unter einer überhängenden Felswand liegt.

ETSCHTAL, ÜBERETSCH UND UNTERLAND

Der fruchtbare Süden von Südtirol

Die Weindörfer Terlan, Kaltern und Tramin versprechen exquisiten Weingenuß

Der »Süden Südtirols« hat nicht nur im gleichnamigen Touristikkomitee eine gemeinsame Identität; die 18 Gemeinden der Ferienregion zwischen Terlan und Salurn haben auch Gemeinsamkeiten aus ihrer Nähe zum romanischen Sprachraum und aus dem kulturellen Profil, selbstverständlich auch durch die Flußlandschaft der Etsch, die seit vorgeschichtlicher Zeit (und bis ins 19. Jh. schiffbar) den Verkehrsfluß geprägt hat. Nach der Regulierung des sumpfigen Flußtals bekam das Etschtal sein heutiges Gesicht als die allseits berühmte Wein- und Obstlandschaft Südtirols.

Fahrten und Wanderungen erschließen die Erlebnisschwerpunkte des Südtiroler Südens, wobei sich zum Wandern in den unteren Lagen wegen des milden Klimas vor allem Frühjahr, Herbst und sogar der Winter eignen; in den höheren Lagen kommt wiederum die Sommerfrische dazu – auch in den Mittelgebirgsgebieten der Mendel, des Fennbergs und um Aldein mit alter Tradition.

Erlebnis für viele ist die Festfröhlichkeit in den bekannten Weindörfern, deren Namen schon auf ihre spezifischen Freuden verweisen: Terlan, Kaltern, Tramin. Nicht weniger Genuß verheißen die international weniger bekannten wie Girlan, Kurtatsch, Margreid, Montan. Die Weinstraße verbindet sie alle.

Die Erlebnisqualitäten des Wanderns und des Weins lassen sich prächtig verbinden mit Kunst- und Naturdenkmälern, die der Süden Südtirols reichlich aufzuweisen hat. In diesem Kapitel werden sie – da es in dieser Region keine größeren Städte als Schwerpunkte gibt – an einer Route »aufgefädelt«, die sich auch schön erradeln läßt. Der Anfang der Route fällt mit der ★ ☙ *Südtiroler Weinstraße* zusammen, die nicht nur landschaftliche Schönheit zu bieten hat, sondern auch Weinkennern allerlei Genuß bereiten kann.

Die Hügellandschaft bei Eppan bezeugt die Fruchtbarkeit des Etschtals. Ihre vielen Schlösser und Ansitze machen sie auch zu einer Adelslandschaft

TERLAN

(111/D 4) In Terlan (248 m) nordwestlich von Bozen lassen wir die Route beginnen, wo sich die Bozner im April und Mai besonders gern der Frühlingszeremonie des Spargelessens hingeben. Entsprechend hoch ist (nicht nur zur Spargelzeit) das Niveau der Restaurants. Die zweitürmige *Pfarrkirche* von Terlan ist nicht nur ein Hauptwerk der gotischen Bozner Schule, sondern mit der hoch über dem Ort liegenden *Burgruine Neuhaus* (im Volksmund Maultasch) auch der beherrschende Blickfang in diesem Teil des Etschtals.

Nach dem Verlassen der Staatsstraße Bozen–Meran in Terlan führt die Straße zunächst über die Etsch und durch die Apfelgärten ins alte Weindorf *Andrian* (285 m) und dann über Unterrain nach *Missian,* wo sich die Fahrt mit einer eindrucksvollen Schlösserwanderung unterbrechen läßt. Der Halbtagsausflug führt am komfortablen *Hotel Schloß Korb (30 Zi., Tel. und Fax 04 71 63 60 00, Kat. 1)* vorbei zuerst zum Kreideturm (wie alle derartigen Bauten eine alte Alarmfeuerstation), dann hinauf zur Ruine Hocheppan, früher Sitz der mächtigen Grafen von Eppan, mit berühmten, byzantinisch durchformten Fresken in der Kapelle und einer Geburt-Christi-Szene, bei der wahrhaftig Tiroler Knödel gekocht werden. In der Schenke im Burghof läßt sich ein genüßlicher Imbiß einnehmen. Ein Steig und Holztreppen führen zur jenseits der Talschlucht gelegenen *Burgruine Boymont,* die ebenfalls (zeitweise) bewirtschaftet ist.

Wer noch höher hinaus will, kann von und nach *Perdonig* (800 m) dem vor allem während der Obstblüte beliebten Eppaner Höhenweg folgen.

AUSKUNFT

Verkehrsverband, 39018 Terlan, Tel. 04 71 25 71 65

EPPAN

(111/D-E5) In einem Teil der Gemeinde Eppan (10 905 Einw.), in *St. Pauls,* fällt die großmächtige spätgotische Pfarrkirche, der »Dom auf dem Lande« mit 86 m hohem Turm, ins Auge. Die unter anderem dort aufbewahrten sieben Totenschilde der Familien Khuen und Firmian (16. Jh.) weisen auf die Adelslandschaft des Überetsch hin. Diese Kleinlandschaft, die wie eine wohlhäbige, von Fruchtbarkeit verwöhnte Terrasse über dem eigentlichen Etschtal liegt, ist mit eindrucksvollen Bauzeugnissen im mediterran anmutenden »Überetscher Stil« des 16. und 17. Jhs. dicht bestückt. Viele der ★ Schlösser und Ansitze, besonders im Gemeindegebiet von Eppan, sind gastlich geöffnet als Hotels: neben *Schloß Korb (30 Zi., Tel. und Fax 04 71 63 60 00, Kat. 1)* auch die Schlösser *Aichberg, Angerburg, Englar, Freudenstein, Paschbach* und *Warth* (Ferienwohnungen) sowie die Ansitze *Kreithof* (Ferienwohnungen), *Tschindlhof* und *Wendelstein,* als Jausenstationen und Restaurants zum Beispiel *Schloß Wickenburg* und als Schloßmuseum zum Beispiel *Schloß Moos-Schulthaus* mit volkskundlicher Samm-

ETSCHTAL, ÜBERETSCH UND UNTERLAND

lung und Kunstgalerie. Die Kunst des Genießens wird zelebriert im Restaurant *Zur Rose* nahe dem *Rathausplatz, So und Mo mittags geschl., Tel. 04 71 66 22 49, Kat 1.*

Außerdem zu erwähnen sind die vielen Wandermöglichkeiten (250 km Wege) im Raum Eppan. Neben den vielen Kunstdenkmälern verdient auch ein ganz besonderes Naturdenkmal Erwähnung, *die Eislöcher im Bergsturzgebiet von Eppan-Gand,* wo durch den Kaltluftsog eines unterirdischen Röhrensystems die Vegetationsfolge am Hang genau auf dem Kopf steht und es inmitten südlicher Pflanzenpracht im Juni noch Eiszapfen gibt.

Ein Phänomen zwischen Natur- und Baudenkmal ist das hübsche *Weindorf Girlan,* das unter der Erde etwa gleich viel an Raummaß aufweist wie oberirdisch, und zwar in Form eines wahren Labyrinths von Weinkellern, wo die Quellen für viele feuchtfröhliche Dorffeste sprudeln. Zur Einkehr empfohlen: *Restaurant Marklhof, Girlan, Mo geschl., Tel. 04 71 66 24 07, Kat. 2.*

AUSKUNFT

Tourismusverein, 39057 Eppan, Tel. 04 71 66 22 06, Fax 04 71 66 35 46

MARCO POLO TIPS FÜR DAS ETSCHTAL, ÜBERETSCH UND UNTERLAND

1 Südtiroler Weinstraße
Die Weinstraße verbindet landschaftliche Höhepunkte des Etschtals und des Überetsch mit bekannten Weindörfern (Seite 67)

2 Schlösser und Ansitze in Eppan
Die alten Herrschaftssitze im Gemeindegebiet Eppan dienen heute oft als Hotels und Restaurants (Seite 68)

3 Südtiroler Weinmuseum in Kaltern
Eine einzigartige Dokumentation von 2000 Jahren Weingeschichte (Seite 70)

4 St. Jakob auf Kastellaz/Tramin
Kunsthistorisch bedeutsam und vielbesichtigt sind die Fresken von kämpfenden Fabelwesen (Seite 71)

5 Weindorf Margreid
Das pittoreske Dorf gehört zu den schönsten Südtirols (Seite 72)

6 Wanderung am Fennberg
Sommerfrische in unberührter Landschaft (Seite 72)

7 Bletterbach-Schlucht bei Aldein
Die Schlucht mit ihren Gesteinsschichtungen und Versteinerungen ist ein Bilderbuch der Erdgeschichte (Seite 73)

8 Bummeln in Neumarkt
Schattenkühle Laubengänge prägen den alten Ortskern (Seite 73)

KALTERN

(111/D 6) Das Thema Wein spielt auch in Kaltern (426 m) die Hauptrolle – schon wegen des dortigen ★ *Südtiroler Weinmuseums*, wo die 2000 Jahre Geschichte des Südtiroler Weinbaus umfangreich und unterhaltsam dokumentiert sind. *Ostern bis Allerheiligen, tgl. außer So vormittags und Mo, Eintritt: 5000 Lit.* Der frühere Sitz des Weinmuseums, *Schloß Ringberg* zwischen Kaltern und Tramin, ist inzwischen ein stilvolles und gern besuchtes Schloßrestaurant *(Tel. und Fax 04 71 96 00 10, Di geschl., Kat. 1)* und Weinverkauf der edlen Tropfen von Elena Walch. Umtriebig von Folk bis Rock ist es im ✝ *Kalterer Weinstadl, Weinstr. 8, tgl. 20–2.30 Uhr,* einem beliebten Treffpunkt junger Leute.

Wer sich in und um Kaltern nicht nur für den unter der Bezeichnung »Kalterer See« reichlich fließenden hellroten Vernatschwein interessiert, dem seien die gotische *Nikolauskirche* mit Chorfresken von Bartlmä Dill-Riemenschneider (um 1530), die klassizistische *Pfarrkirche* mit prachtvollem Hochaltaraufbau und dem besonderen Klanggenuß der Pirchner-Orgel (Orgel-Festwochen und ganzjährig Orgelkonzerte) empfohlen, dazu oberhalb von Kaltern am Aussichtspunkt des ⚐ Peterbühels bei Altenburg die Überreste der frühchristlichen *St. Peterskirche* des 5. Jhs. und nebenan die rätselvolle, sarggroße Felsenwanne. Hoch hinauf geht es mit der alten Standseilbahn von Kaltern auf den ⚐ *Mendelpaß* (1365 m).

⚐ ✝ Der rund zwei Kilometer lange und ein Kilometer breite *Kalterer See* ist der wärmste Badesee des Alpenraums und wird von Schwimmern, Seglern, Surfern, Fischern und Naturschützern gleichermaßen beansprucht. Ein kleines Sportlerparadies mit pünktlichem Sommerwind, der täglich wehenden »Ora«. Es gibt alle gängigen Freizeiteinrichtungen und

Ein Eldorado für Freunde des Wassersports: der Kalterer See

ETSCHTAL, ÜBERETSCH UND UNTERLAND

Blick auf den historischen Marktplatz der Weingemeinde Kaltern

Hotels und Pensionen aller Kategorien. Wer Ruhe oder gar »sich selbst« sucht, sollte den ⚜ *Kalterer Höhenweg* probieren, den Aufstieg zur auffallenden Ruine Leuchtenburg im Höhenzug zwischen Überetsch und Etschtalsohle.

AUSKUNFT

Tourismusverein, Marktplatz 8, 39052 Kaltern, Tel. 04 71 96 31 69, Fax 04 71 96 34 69

TRAMIN

(**116/B 3**) Im Wettstreit um die höchsten Kirchtürme ist der von ⚜ Tramin (275 m) mit 83 m und dem Prädikat des höchsten gemauerten Turms von Tirol gut plaziert. Auch im Rennen der berühmtesten Südtiroler Weinsorten liegt die hiesige ganz vorn: Der aromatische Gewürztraminer ist hier daheim (weltweite Vergleichsverkostung der Gewürztraminer alljährlich im späten Frühjahr) und hat seit mehr als 500 Jahren einen hervorragenden Leumund.

BESICHTIGUNG

Fast 800 Jahre alt sind die Apsisfresken im Kirchlein ★ ⚜ *St. Jakob auf Kastellaz über Tramin*, eine kunsthistorische Hauptsehenswürdigkeit Südtirols. Das vor allem wegen der kämpfenden Fabelwesen (»Bestiarien«) des romanischen Bildprogramms, neben dem aber auch die spätromanischen Fresken der Nordwand und die Bemalung des gotischen Seitenschiffs Beachtung verdienen. Bemerkenswert auch die um 1400 entstandenen Fresken und das Hochaltarblatt von Martin Knoller (um 1790) in der Traminer Pfarrkirche am Rathausplatz. An dessen Ostseite bietet das *Traminer Dorfmuseum* in zwei Stockwerken Einblick in die vor allem bäuerliche Arbeitswelt und in die Tradition der Traminer Fasnacht. *April–Nov. Di–Fr 10–12 und 16–18 Uhr, Eintritt: 2000 Lit*

AUSKUNFT

Tourismusverein, 39040 Tramin, Tel. 04 71 86 01 31, Fax 04 71 86 08 20

KURTATSCH

(**116/B 4**) Bei Kurtatsch (333 m) wird die Südtiroler Weinstraße zur ⚜ Panoramastraße mit weitem Blick über das Etschtal und mit dem 700jährigen Kirchturm als Erkennungszeichen (Prädikat im Türmewettstreit: der stattlichste romanische weit und breit). Mehrere adelige Profanbauten (etwa die Ansitze *Nußdorf*,

Ortenburg, Freienfeld und *Strehlburg*) prägen das Ortsbild; im *Hof am Orth* kann auch ein kleines Privatmuseum mit prähistorischen Fundstücken, Arbeitsgeräten und Einrichtungsgegenständen besichtigt werden. Urgemütlich: das Gasthaus *Zur Rose, So geschl., Endergasse 2*

Empfehlenswert ist ein Ausflug auf die malerische Sommerfrischterrasse oberhalb von Kurtatsch: etwa nach *Graun* mit dem atemberaubenden Aussichtsplatz des ☼ Sitzkofels oder nach *Fennberg* (1170 m), der höchsten Siedlung auf dieser Seite des Mendelzugs. Hierher führt vom Weiler Entiklar aus auch ein ★ Wanderweg mit Höhepunkten am Fennhals (Renaissance-Ansitz und in der Nähe die bis zu 40 m hohen, hundertjährigen Mammutbäume), in Oberfennberg (Schloß Ulmburg) und Unterfennberg mit der Hügelkirche St. Leonhard über dem kleinen See, der 400jährigen Linde neben dem Gasthaus und den verstreuten Einzelhöfen.

Am Wege liegt der *Ansitz Turmhof* in Entiklar, eine reizvolle Jausenstation mit preisgekrönten Eigenbauweinen und einem Schloßpark, in dem sich das skurrile Welttheater eines früheren Besitzers bestaunen oder belächeln läßt. *So geschl.*

AUSKUNFT

Tourismusverein, 39040 Kurtatsch, Tel. 0471 88 01 00

MARGREID

(**116/B 4**) Weiterspazieren kann man von Entiklar nach ★ ☼ Margreid, wo sich im Winkel des gegen die Salurner Klause vorspringenden Fennbergs malerische Häuser in engen Gassen drängen. Der architektonische Wert des Margreider Ortskerns macht das Wein- und Obstdorf zu einem der schönsten Dörfer Südtirols, besonders, wenn man noch die ausgesprochen südliche Vegetation dazunimmt. Ansitze wie *Hirschbrunn, Königseck, Löwengang*, behäbige Höfe (etwa der *Porerhof* aus dem 17. Jh., jetzt Rathaus) und anheimelnde Gassen mit schönen Torbögen machen das ganze Dorf zur Sehenswürdigkeit. Genußreich: die Weine von Alois Lagedèr in der Vinothek *Im Paradeis* am Dorfplatz.

AUSKUNFT

Tourismusverein, 39040 Margreid, Tel. 04 71 81 72 92

SALURN

(**116/B 5**) ☼ Das Dorf (212 m) im allersüdlichsten Zipfel Südtirols mit seinen Adelssitzen und Patrizierhäusern legt einen Rundgang mit offenen Augen und Ohren nahe, denn hier ist die Sprachgrenze (zugleich die Südgrenze Südtirols) deutlich spürbar.

Die deutlichste optische Markierung Salurns, die kühn in senkrechte Felswände hineingemauerte *Ruine der Haderburg*, sollte wegen des ausgesetzten Zugangs besser nicht erklettert werden. Dafür bietet sich ein anderer hoher Platz über Salurn an: die ☼ *Königswiese* (1620 m) oberhalb des Weilers Gfrill (1330 m; Autostraße), deren Name sowohl zu ihrer Aussichts- als auch zu ihrer Blumenpracht trefflich paßt.

ETSCHTAL, ÜBERETSCH UND UNTERLAND

AUSKUNFT

Tourismusverein, Rathausplatz 1, 39040 Salurn, Tel. 04 71 88 42 79

NEUMARKT

(116/B 4) Der Hauptort des Unterlandes, ★ ✲ ☯ Neumarkt (217 m), ist ein Platz zum Verweilen, Genießen und Schauen. Der mittelalterliche Markt und frühere Etschhafen hat einen eindrucksvollen, von schattenkühlen Laubengängen geprägten, gut sanierten und vom Autoverkehr weitgehend befreiten Ortskern, der zu einem gemütlichen Einkaufsbummel einlädt. Typisch für den Marktflecken sind die *Saalhäuser*.

Im späten Juli und August spielt das Neumarkter Kleinstadtszenarium jedes zweite Jahr eine Rolle bei den »Freilichtspielen Südtiroler Unterland«, und alljährlich gibt es regional wichtige kulturelle »Herbstwochen« und ein »Laubenfest«. Nebenan in Auer: ⚑ *AUR-ORA-Bar* im alten Bahnhof. *Live-Musik, Jazz, 19–1 Uhr.*

BESICHTIGUNGEN

Stephans- und Marienkirche
Höhepunkte gotischer Sakralkunst sind die unweit von Neumarkt gelegene *Stephanskirche* von Pinzon mit einem meisterlichen Flügelaltar des Brixner Bildschnitzers Hans Klocker (um 1490) und die besonders stilreine *Marienkirche* in der Vill am Fuß des ✲ bukolischen Porphyrhügels von Castelfeder (Schlüssel beim Verkehrsamt). Wer einkehren möchte findet im *Pinzonerkeller* mitten in Pinzon Gelegenheit.

MUSEUM

Museum für Alltagskultur
In einem der Saalhäuser ist das Museum untergebracht, dessen Bestände vorwiegend aus Sperrmüll zusammengetragen und liebevoll arrangiert wurden. *April–Nov. Di–Fr 16–18 Uhr, So 10–12 Uhr*

RESTAURANT

Önothek Johnson & Dipoli
⚑ Unter den Lauben, reizvolles Ambiente. *Mo geschl., Kat. 2*

AUSKUNFT

Tourismusverband Der Süden Südtirols, 39044 Neumarkt, Tel. 04 71 81 23 73, Fax 04 71 82 04 53

ALDEIN/NATURPARK TRUDNER HORN

(116–117/C-D 3-4) Eine Traumlandschaft ist die Gegend von Aldein, Radein **(117/D 3)**, Truden **(116/C 4)** und Altrei **(117/D 4)**. Die Lärchenwiesen von Truden und Altrei oder die Hochtour von Radein aufs Weißhorn (2316 m) sind nur zwei Möglichkeiten, im Naturpark Trudner Horn mit der ★ ✲ Bletterbach-Schlucht zu wandern. Wohl nirgends in Südtirol läßt sich die geologische Geschichte besser studieren. Der ✲ *Zirmerhof* in Radein ist fast schon eine Südtiroler Institution mit einem herrlichen Rundblick *(Tel. 04 71 88 72 15, Kat. 2).*

AUSKUNFT

Tourismusverein, 39040 Aldein-Radein, Tel. 04 71 88 68 00

MERAN UND DAS BURGGRAFENAMT

Meran ist das Zentrum Südtirols

Die Kurstadt glänzt mit Thermalbädern und einem renommierten gesellschaftlichen Leben

Geschützt durch die hohen Berge der Texelgruppe im Norden kann das Talbecken von Meran auf eine alte Siedlungsgeschichte zurückblicken. Nach Westen geht es in das Vinschgau über, während sich im Nordosten das Passeiertal anschließt. Im Südwesten zweigt bei Lana das Ultental ab. Ein mildes Klima mit teilweise subtropischer Vegetation und die reizvolle Landschaft, in die zahlreiche Burgen, Obst- und Weingärten gestreut sind, begünstigt das Meraner Land, das mittlerweile mit mehr als zwei Millionen Übernachtungen pro Jahr aufwarten kann.

MERAN (MERANO)

☛ **Stadtplan in der hinteren Umschlagklappe**
(**103/D 6**) Nur der Größe nach ist Meran (325 m; 33 000 Ew.) die zweite Stadt im Land. An internationalem Renommee ist die Kurstadt an Passer und Etsch der anderen großen Stadt in Südtirol, nämlich Bozen, sicher überlegen. Dies hat zwei Wurzeln: eine alte, abgestorbene und eine relativ junge und recht lebendige. Der alte Ruhm Merans weht vom nahen Stammschloß der »Burggrafen« von Tirol herunter und machte Meran zur Tiroler Landeshauptstadt, bis die letzte ihres Geschlechts, Margarethe Maultasch, 1363 das Land den Habsburgern vermachte. Die jüngere Wurzel ist Merans Kurtauglichkeit: eine je nach Zeitgeschmack wechselnde Mischung aus Klimagunst, Traubensaft, Heilwasser und Atmosphäre.

Für dieses ganz besondere Meraner Flair gibt es verschiedene Annäherungen, die, passend zum Kur- und Ferienimage der Stadt, mit Spazierwegen identisch sind. Die schönste Annäherung an Meran ist der in jeder Hin- und Aussicht lohnende ★ ☼ Spaziergang durch die Gilfanlage und über den Tappeinerweg: von der Passerbrücke über die Sommerpromenade zur Brücke unterhalb der Zenoburg, durch die Gilfanlage zurück bzw. hinauf zum Tappeinerweg und über den Schlehdorfsteig wieder nach Meran hinab.

Jugendstil pur: das Meraner Kurhaus. Im Hintergrund St. Nikolaus

Ein anderer führt durch den Stadtteil Obermais, vorbei an Schlössern, Ansitzen und Villen. Nach den empfohlenen Spaziergängen, wenn man also das Meraner Flair ordentlich ausgekostet hat, wendet man sich am besten der ✴ Altstadt zu: mittelalterliche Kulisse, Akzente der ländlichen Umgebung und Kuratmosphäre sind die drei Ingredienzen, die hier wirken. Dringend anzuraten ist in Meran möglichst weitgehender Autoverzicht, da der Verkehr besonders in Spitzenzeiten in Kollapsgefahr gerät.

Mediterranes Flair: Blick über die Dächer von Meran

BESICHTIGUNGEN

Landesfürstliche Burg
🌺 Dies ist eine etwas großspurige Bezeichnung für die kleine, efeuumrankte Stadtresidenz des Herzogs Sigismund (nach 1450). Abgesehen davon befindet sich hier ein sehenswertes Museum spätmittelalterlicher Wohnkultur, unter anderem mit dem ältesten gotischen Prunkofen Europas. *Galileistraße, tgl. außer Mo 10–17, So 10–13 Uhr, Eintritt: 2700 Lit.*

Pfarrkirche St. Nikolaus
Von der Hochgotik bis zum Barock reichen die Eindrücke in dieser Kirche, vom klaren Kreuzrippengewölbe über den spätgotischen Flügelaltar an der Nordseite bis zu den Tafelbildern von Martin Knoller (1788). Hinter der Pfarrkirche lohnt ein Blick in die Barbarakapelle.

Spitalkirche
Experten sprechen von einer der »originellsten und reizendsten Raumlösungen Tiroler Gotik«. Um 1450 entstanden, wartet das Gotteshaus mit bemerkenswerten Werken der Hoch- und Spätgotik auf.

Stadttheater und Kursaal
🌺 Vorbildlich restauriert und in den Glanz der »goldenen« Meraner Zeit vor dem Ersten Weltkrieg zurückversetzt wurden komplett erhaltene Jugendstil-Stadttheater sowie der schöne Kursaal aus gleicher Zeit. *Theaterplatz – Freiheitsstraße*

MUSEEN

Jüdisches Museum und Synagoge
Dokumentation der jüdischen Kulttradition in Meran. *Schillerstr. 14, außer an jüdischen Feiertagen Di, Mi 15–18, Do 19–21, Fr 15 bis 17 Uhr, Eintritt frei*

Museum für Kleid und Tand
Eine Sammlung von Accessoires und Kleidung aus mehr als 100 Jahren. *Lauben 68, geöffnet zu Geschäftszeiten, Eintritt: 7000 Lit*

MERAN UND DAS BURGGRAFENAMT

Stadtmuseum
Hier gibt es bedeutende Bestände aus den Bereichen Geologie und Mineralogie, Urgeschichte, Kunstgeschichte und Volkskunde. Vorübergehend im »Roten Adler« untergebracht. *Rennweg 42, tgl. außer Mo, Eintritt 2700 Lit*

RESTAURANTS

Greiter Hof
Spezialitäten vom Wildschwein und eigenes Bier, gute Aussicht. *Fragsburgst. 13, Tel. 04 73 24 46 87, Mo und Di geschl., Kat. 2*

Hellweger's
Beliebter Eß- und Plaudertreff im Bistrostil. *Raffl-Galerie, So geschl., Kat. 3*

Sissi
Im ehemaligen »Andrea« kocht jetzt der Küchenmeister Andrea Fenoglio meisterlich. *Galileistr. 44, Tel. 04 73 23 10 62, Mo geschl., Kat. 1*

HOTELS

Gasthof Rainer
Zentral, aber ruhig gelegen, mit Garten. *8 Zi., Laubengasse 266, Tel. 04 73 23 61 49, Fax 04 73 23 61 49, Kat. 3*

Hotel Irma
Alles, was gesund ist und schön macht, wird hier angeboten, unter anderem auch entspannende, hautfreundliche Solebäder. *50 Zi., Schönblickstr. 17, Tel. 0473 21 20 00, Fax 04 73 23 13 55, E-mail: hotel.irma@acs.it, Kat. 1*

Hotel Meranerhof
Hotel der Spitzenklasse an der Passer. *68 Zimmer, Manzonistr. 1, Tel. 04 73 23 02 30, Fax 04 73 23 33 12, Kat. 1*

MARCO POLO TIPS FÜR MERAN UND DAS BURGGRAFENAMT

1 Gilfanlage und Tappeinerweg in Meran
Wer hier spazierengeht, erhält den besten Eindruck vom Hauptort des Burggrafenamtes (Seite 75)

2 Schloß Tirol
Der ehemalige Hauptsitz der mächtigen Grafen von Tirol (Seite 79)

3 Schnatterpeck-Altar
Der größte und eindrucksvollste gotische Altar Südtirol (Seite 80)

4 Ultner Talmuseum
Das Museum erläutert das Leben in dem lange von der Außenwelt abgeschiedenen Tal (Seite 81)

5 Gletschermühle bei Platt im Passeiertal
Eiszeitliche Naturlaune, mit einer leichten Wanderung erreichbar (Seite 81)

6 Schreibmaschinenmuseum in Partschins
Einem verkannten Genie zu Ehren (Seite 79)

Hotel Villa Tivoli
Haus mit Meraner Flair, durch Lage und Passion der Besitzer ein botanisches Juwel. *23 Zi., Verdistr. 72, Tel. 04 73 44 62 82, Fax 04 73 44 68 49, www.italy-hotel.com/hotelvillativoli, Kat. 2*

Schloß Labers
Beste Lage und schillernde Vergangenheit. *32 Zi., Labersstr. 25, Tel. 04 73 23 44 84, Fax 04 73 23 41 46, Kat. 2*

AM ABEND

Zum Kapuziner
Café, Pub und Restaurant, ganz zentral gelegen. *Rennweg 116*

Pub One
Qualität bei Drinks und Musik. *Romstr. 96*

Theater in der Altstadt
Ambitioniertes Theater- und Musikprogramm im Kurhaus-Keller. *Freiheitsstr. 27*

SPIEL, SPORT UND GESUNDHEIT

In und um Meran gibt es viele Möglichkeiten der sportlichen Unterhaltung, einschließlich Rafting oder einer Skitour auf »Meran 2000« (1250–2400 m).

Kurbad Meran
Die alte Meraner Kurtradition wird dort – auf den neuesten Stand der Medizin gebracht – weitergeführt. *Piavestr. 9, Tel. 04 73 23 77 24, Fax 23 32 36*

AUSKUNFT

Alle Informationen, auch über die herbstliche Traubenkur, erteilt die *Kurverwaltung, Freiheitsstr. 45, 39012 Meran, Tel. 04 73 23 52 23, Fax 04 73 23 55 24, www.meranerland.com/meran*

ZIELE IN DER UMGEBUNG

Hafling, Vöran, Mölten
Die vielen Dörfer des Meraner Burggrafenamts gehören zu den erklärten Lieblingszielen sehr vieler Südtirol-Urlauber. Wer seinen Urlaubsort nach dem Vorhandensein von touristischer Infrastruktur und konsumierbarem Komfort aussucht, ist dort allemal gut aufgehoben, wird allerdings auch stark mit seinesgleichen konfrontiert. Aber wer sich von den vielen Touristen nicht beirren läßt, kann hier eine schöne Zeit verleben. Etwas beschaulicher ist es in den Bergdörfern über der linken Etschseite: in Hafling (**111/D 2**), Vöran (**111/D 3**), Mölten (**111/E 3**) etwa.

Auskunft erteilen die *Tourismusvereine: 39010 Hafling, Tel. 04 73 27 94 57, 39010 Vöran, Tel. 04 73 27 82 00, und 39010 Mölten, Tel. 04 73 66 82 82.*

Waalwandern
Im Bereich der Talflanken gibt es im Burggrafenamt und Vinschgau ein wunderbares Rezept zum beschaulichen Erleben der reich strukturierten Kulturlandschaft: Waalwandern! Das bedeutet: Wandern auf jenen fast ebenen Wegen, die die jahrhundertealten Bewässerungskanäle, die Waale, begleiten. Die Rückkehr mit dem Linienbus ist hier besonders anzuraten. Häufig lassen sich diese Spazierwege auch als Rundwanderungen anlegen.

MERAN UND DAS BURGGRAFENAMT

Algunder Waalweg (**110/C 1**): von Gratsch bei Meran bis nach Oberplars oder noch weiter bis Töll; ca. 3 Std. Ein Abstecher: *Dorf* (590 m) und ★ *Schloß Tirol* (1120–1180 erbaut), Stammschloß der Tiroler Grafen; älteste Darstellung des Tiroler Wappenadlers in der oberen Kapelle; berühmtes romanisches Kapellenportal (um 1160) und Kreuzigungsgruppe von 1320; ältestes bemaltes Glasfenster Tirols (um 1350). *März–Nov. Di–So 10–17, Eintritt: 6000 Lit.* Dort gibt es auch eine Pflegestation für Greifvögel, die man besichtigen kann. Genüßliches am Wege: *Sandgruberhof* am Weg von Dorf Tirol zum Schloß; Buschenschank mit Prachtblick. Großartiger noch Blick vom Gasthaus Hochmut (1323 m). Seilbahn von Dorf Tirol aus. Für Kunstinteressierte lohnt sich ein Abstecher zur Kreuzkuppelkirche von *St. Peter am Kronsbichl* (9. Jh.) mit noch älterem Reliquiengrab und reichem Freskenschmuck. Deftig tirolerisch wie beim Bergbauern wird beim *Oberlechner* in Vellau über Algund gekocht. Das ★ Schreibmaschinenmuseum am Kirchplatz in *Partschins* beherbergt eine kuriose Sammlung zu Ehren des Erfinders Peter Mitterhofer. *April–Okt. Mo 15–18, Di 10–12, Do 9–12, Fr 14–16 Uhr, Nov.–März Di 10–12 Uhr, Eintritt: 7000 Lit*

Tourismusvereine: 39019 Dorf Tirol, Tel. 04 73 92 33 14, 39022 Algund, Tel. 04 73 44 86 00, 39020 Partschins, Tel. 04 73 96 71 57

Der Kuenser Waalweg (**111/D 1**) (2½ Std.) ist ein Rundweg am Eingang ins Passeiertal, einer der schönsten in der Meraner Gegend. *Verkehrsverband, 39010 Riffian-Kuens, Tel. 04 73 24 10 76*

Marlinger Waal (**110/C 1-2**): der längste von allen Waalwegen (12 km von der Töll bis nach Oberlana; ca. 4 Std. Gehzeit). Eine kürzere Version führt von und nach Marling. Abstecher: *Schloß Lebenberg* über Tscherms, ein romantisches Stück Mittelalter in herrlicher Lage über dem Etschtal *(Führungen: Ostern–Okt. mehrmals tgl. außer So, Eintritt: 6000 Lit).* Als »Schneckenkönig« gilt *Onkel Taa* in Bad Egart/Töll in seinem bizarren Nostalgierestaurant *(Tel. 04 73 76 73 42, Mo geschl., Kat. 2).*

Verkehrsverband: 39020 Marling, Tel. 047 34 47 14 70

LANA

(**110–111/C-D 2-3**) Dieser lebendige Ort am Unterlauf des Ultner Talbachs Valschauer ist ein guter Stützpunkt für Ausflüge in die Umgebung.

Mittelalterliches Kleinod: Schloß Tirol in landschaftlich schöner Umgebung

BESICHTIGUNG

Schnatterpeck-Altar
Kunst-Schwerpunkt ist Lana schon wegen des gewaltigen, über 14 m hohen ★ ❈ Schnatterpeck-Altars (um 1505) in der Pfarrkirche Niederlana mit immensem Figurenreichtum und filigraner Dekorpracht. *Besichtigung mit Führung mehrmals tgl., Eintritt: 2000 Lit*

MUSEUM

Obstbaumuseum
Daß Lana ein Zentrum im großen Obstgarten Etschtal ist, wird hier deutlich. *April–Okt. Di–Sa, So nur nachmittags, Eintritt: 4000 Lit*

HOTEL/RESTAURANT

Berghotel Vigiljoch
Eine Seilbahn führt von Oberlana in das aussichtsreiche, sommerfrische Gebiet des ❈ Vigiljochs (1800 m). Nahe der Bergstation steht das nostalgisch-gemütliche Berghotel. *40 Zi., Tel. 04 73 56 12 36, Fax 04 73 56 14 10, Kat. 2*

Pfefferlechnerkeller
In dem rustikalen Weinkeller gibt es Brotzeiten gleich neben dem Roßstall. *St.-Martin-Str. 4, tgl. außer Mi 17–23 Uhr*

ZIELE IN DER UMGEBUNG

Tisens-Prissian/Nals (111/D 3)
Ein beschaulicher, uralter Höhenweg und eine Burgenroute zugleich ist die Straße von Lana über *Tisens* und *Prissian* nach *Nals* (111/D 4). Für kulturell Interessierte liegt am Weg das vorgeschichtliche Hügelheiligtum von *St. Hippolyt.* Im Restaurant *Zum Löwen* stimmt das Preis-Leistungs-Verhältnis *(Tisens, Tel. 04 73 92 09 27, So abends und Mo geschl., Kat. 2)*

Vor dem Abstieg aus dem Tisener Mittelgebirge in das »Weißburgunderdorf« Nals (330 m) am Rand des Etschtals sei als stimmungsvoller Ausklang noch der Besuch im *Schloß Schwanburg* (111/D 4) empfohlen. Die Anlage und die berühmten Weine der Schloßkellerei erfreuen Auge und Gemüt gleichermaßen.

Tourismusvereine: Nals, Tel. 04 71 67 86 19, Fax 04 71 67 81 41, 39010 Tisens-Prissian, Tel. und Fax 04 73 92 08 88

Völlan (110/C 3)
Auch in ❈ Völlan lassen sich reizvolle Ausflüge unternehmen. Wer sich ansehen will, wie die Südtiroler Bauern vor 100 Jahren lebten und arbeiteten, wird im *Bauernmuseum* fündig *(Badlweg 2, Di und Fr 14–17 Uhr mit Führung).*

AUSKUNFT

Verkehrsamt, Andreas-Hofer-Str. 7b, 39011 Lana, Tel. 04 73 56 17 70, Fax 04 73 56 19 79, E-mail: lana@meranerland.com

PASSEIERTAL

(103/D-E 3-6) Das von Meran 50 km weit nordwärts ziehende Tal mit Saltaus, St. Martin, St. Leonhard, Walten, Moos, Pfelders und mehreren anderen Dörfern und Weilern ist ein alpiner Kleinkosmos. Hier findet man von Weinbergen bis zu Gletscherlandschaften alle möglichen Vegetationszonen.

MERAN UND DAS BURGGRAFENAMT

Zwei Straßenübergänge führen in den Sterzinger Raum und ins österreichische Ötztal: der von alters her wichtige Jaufenweg (Paßhöhe 2094 m) und das Timmelsjoch (2474 m, im Winter geschl.).

ZIELE IM PASSEIERTAL

Gleiten (103/E 4)
In St. Leonhard (690 m) zweigt die Straße über Walten zum Jaufen ab. Einen besonders schönen Blick über ganz Passeier hat man von der *Bergsiedlung Gleiten* (1200 m) über dem Dorf. Historische Reminiszenzen weckt der *Franzosenfriedhof* von 1809 in St. Leonhard.

Auskunft erteilt der *Tourismusverein 39015 St. Leonhard i. P., Tel. 04 73 65 61 88, Fax 04 73 65 66 24*

Gletschergarten von Platt (103/D 4)
Auf keinen Fall versäumt werden sollte der Spazierweg zum Gletschergarten von Platt mit seinen Felstöpfen und ★ *Gletschermühlen*.

Auskunft über den *Tourismusverein, 39013 Moos i. P., Tel. 04 73 64 35 58, Fax 04 73 64 38 80*

Sandwirt (103/D 4)
Zwischen den Orten St. Martin und St. Leonhard ist das Gasthaus *Sandwirt* Ziel all jener Besucher, die mit Tirol den Namen Andreas Hofer verbinden. Der Hauptheld der Tiroler Erhebung von 1809 gegen Franzosen und Bayern war hier daheim. Dem Gasthaus angeschlossen ist ein *Museum* mit historischen Erinnerungsstücken. *April–Okt. tgl. 9 bis 12 und 14–18 Uhr, So geschl., Eintritt: 1500 Lit.*

St. Martin am Schneeberg (103/D 2)
Am Schneeberg (2300 m) regelmäßige Stollenführungen, die das Landesbergbaumuseum organisiert. *2 Std. ab Gasthaus Saltnuss oder Schönau a. d. Timmelsjochstraße*

ULTENTAL

(110/A–C 3-4) In den Gemeinden *St. Pankraz* und *Ulten* hat sich, abgesehen von den Wintersportgebieten auf der Schwemmalm, noch viel Ursprüngliches erhalten – nicht nur die drei »Urlärchen« bei St. Gertraud (30 Min. von der Talstraße), geschätzte 2000 Jahre alt, auch die drei instandgesetzten *Untersteiner Mühlen* bei Kuppelwies. Das Tal mit den sonnenbraunen, hölzernen Höfen, den reichen Bergwäldern und den Besonderheiten in Dialekt und Volksleben läßt sich variantenreich erwandern – übrigens auch wieder auf einem Waalweg entlang dem Locherer Waal. Start und Ziel nahe dem idyllischen Hügelkirchlein *St. Helena* oberhalb St. Pankraz.

MUSEUM

Ultner Talmuseum
★ Über das Leben im früher weltfernen Ultental kann man sich unterhaltsam informieren im Ultner Talmuseum in *St. Nikolaus. Mai–Sept. Di, Fr und So 11–12 und 15–17 Uhr, sonst nur So*

AUSKUNFT

Tourismusverband, 39016 Ulten, St. Walburg, Tel. 04 73 79 53 87, Fax 04 73 79 50 49

VINSCHGAU

Mildes Klima und südländische Flora

*Weite Teile der Region sind im Herbst
ein wahres Obstparadies*

Das Vinschgau, Talfurche und Einzugsgebiet der Etsch, reicht genaugenommen von Tschars westlich Naturns' bis zum Reschensattel (1500 m). Das sind rund 60 km, aber ein charakteristisches Merkmal der Vinschgauer Landschaft, die hohen Talstufen, macht sich schon dort bemerkbar, wo das Etschtal noch burggräflerisch ist: bei der Talstufe der Töll unweit von ❄ Partschins (625 m, sehenswerter Wasserfall), also bereits deutlich über dem Meraner Talkessel.

Die ausgeklügelte Wasserbewirtschaftung durch Waale ist im extrem niederschlagsarmen und durch Fallwinde zusätzlich ausgedörrten Vinschgau viele Jahrhunderte lang von entscheidender Bedeutung gewesen. Realteilung mit der Folge kleinster Wirtschaftseinheiten, eine unruhige Geschichte und häufige Naturkatastrophen waren weitere Gründe für die fast sprichwörtliche Armut besonders des Obervinschgaus. Kinder wurden bis ins 20. Jh. hinein als »Schwabenkinder« zur Arbeit außer Landes geschickt; viele Familien mußten als fahrende »Karrner« und Händler ihren Unterhalt suchen. Die bis ins 17. Jh. hinein starke rätoromanische Prägung des Vinschgaus, das bis 1816 zum Bistum Chur gehörte, ist bis heute im Namengut und in den Siedlungsformen spürbar, was das Besondere dieser Region mitbestimmt.

Im unteren Teil präsentiert sich das Vinschgau als großer Obstgarten zwischen den beiden durch die Ost-West-Ausrichtung sehr unterschiedlichen Talflanken: der waldigen Südseite (Nördersberg) und der ausgedörrten Nordflanke (Sonnenberg), wo die alten Lebensadern der Waale besonders dicht sind. Westlich der Gadriamure verändert sich das Landschaftsbild, wird herber und im Angesicht der eisgepanzerten Ortlergruppe hochalpin akzentuiert. Bei Mals (von Meran bis hierher soll bald wieder die Bahn verkehren) biegen Tal und Straße nach Norden.

*Das Zwergstädtchen Glurns besticht
durch die guterhaltene Architektur
seiner Bürgerhäuser*

Über die schräge Tafel der Malser Haide gelangt man zur Wasserscheide des Reschen, wo, unweit der heutigen Grenze zu Österreich, die Etsch entspringt. Der uralte Verkehrs- und Handelsweg entlang der Etsch und weiter nach Augsburg, der »Obere Weg«, hat schon früh zu intensiver Besiedlung geführt. Im churrätischen Vinschgau ist die vorromanische Kulturschicht (etwa 700–1000) im Vergleich zu anderen Talschaften am reinsten erhalten geblieben. Auch die romanische Stilphase (11. bis 13. Jh.) hat hier einen reichen Fundus an Denkmälern hinterlassen, deren Archaik im Zusammenwirken mit dem Landschaftscharakter den eigentümlichen Reiz des Vinschgaus ausmacht.

Freilich sind viele dieser »Edelsteine« von Neubauten so verstellt, daß es Anleitung braucht, um sie zu finden.

SCHLANDERS

(109/E2) Vom Hauptort des Vinschgaus (720 m) lassen sich die Orte des Ober- und Untervinschgaus bequem besuchen. Gastronomie und Hotellerie sind in dem rund 5000 Einwohner zählenden Ort üppig vorhanden. Schlanders kann mit dem höchsten Kirchturm (97 m) der Region aufwarten, hat eine hübsche Fußgängerzone und obendrein noch einen ausgezeichneten Weißwein. Der weithin sichtbare Turm ist freilich leichter zu finden als der rare, trockene Vinschgauer Wein, der von Partschins bis Vezzan/Schlanders gedeiht. Auch für Kunstliebhaber hat Schlanders, vor allem mit seinen in üppige Obstgärten gebetteten Ortsteilen Kortsch und Göflan, Sehenswertes zu bieten: in den Kortscher Leiten das exponierte romanische *Felsenkirchlein St. Ägidius*, in der *Kortscher Pfarrkirche* einen kostbaren Flügelaltar in der Nachfolge Schnatterpecks (1510/20), mit der *Schlandersburg* (Sitz der Bibliothek) und *Goldrain* (Kulturveranstaltungen) die bedeutendsten Renaissanceschlösser des Vinschgaus. Im Goldrainer *Obermoos-*

MARCO POLO TIPS FÜR DAS VINSCHGAU

1 St. Prokulus bei Naturns
In diesem kleinen Heiligtum sind die ältesten Fresken des deutschen Sprachraums gefunden worden (Seite 88)

2 Waalwandern bei Latsch
Hier wird das Wandern zum Naturerlebnis (Seite 87)

3 Marienberger Krypta
Die Freskenmalereien begeistern jeden Kunstfreund (Seite 87)

4 Zwergstädtchen Glurns
Das mit einer vollständig erhaltenen Ringmauer umgebene Städtchen besticht durch seine malerischen Häuserfronten (Seite 85)

5 Churburg in Schluderns
Die Sammlung in der Rüstkammer dieses Schlosses enthält Waffen aus dem 14. Jh. (Seite 89)

VINSCHGAU

burgkeller kann man mittelalterlich schmausen *(Tel. 04 73 74 21 39, Kat. 2)*. Die *Spitalkirche* mit Gewölbefresken von Mölk (1758) läßt sich gut mit einem kleinen Einkaufsbummel verbinden.

Zum gotischen Kleinod ↙ *St. Martin* in Göflan mit seinen drei frühen (1475/80) Schnitzaltären sollte man unbedingt einen Abstecher machen. Die Sehenswürdigkeiten am Schlanderser und Kortscher Sonnenberg erschließen sich vorzüglich auf den leichten Rundwanderungen des Zaal- und Ilzwaals. Wer es etwas beschwerlicher verträgt, mag dem ↙ Schlandersberger Waal mit schönen Ausblicken folgen oder zu einem der schönsten Vinschgauer Berghöfe aufsteigen, dem Tappeiner (1400 m) auf seiner Naturterrasse.

AUSKUNFT

Tourismusverein, 39028 Schlanders, Tel. 04 73 73 01 55, Fax 04 73 62 16 15

ZIELE IN DER UMGEBUNG

Glurns　　　　　　　　**(100/B–C 6)**
Das Zwergstädtchen ★ ↙ Glurns (905 m) ist mit seinen nur rund 850 Einwohnern eigentlich nur ein Dorf mit Stadtrecht – aber ein in Südtirol einmaliges Ensemble: Nicht nur die vollständig erhaltene *Ringmauer* (um 1500 von Kaiser Maximilians Hofbaumeister Jörg Kölderer geplant) mit drei Türmen und Rondellen, sondern auch die Fassaden, Giebel und Bogengänge der vorwiegend im 16. Jh. erbauten »Ackerbürger«-Häuser machen Glurns sehenswert.

Die Art und Weise, wie seit 1977 im Rahmen eines Sanierungsprogramms die Bausubstanz gerettet wurde, kann beeindrucken. Heute setzt Glurns voll auf den Fremdenverkehr – und darauf, daß sich durch die Erneuerung der Wohnsubstanz wieder mehr jüngere Leute hier niederlassen.

Auskunft erteilt der *Tourismusverein, 39020 Glurns, Tel. und Fax 04 73 83 10 97.*

**Kastelbell-
Tschars**　　　**(109/F 2, 110/A 2)**
Vom Ort an der Reschenstraße (600 m) aus läßt sich eine lohnende Waalwanderung am versteppten ↙ *Sonnenberg* machen: Die dreistündige Rundwanderung führt über den Tscharser Schnalswaal zum Schloß Juval, das jetzt dem Bergsteiger Reinhold Messner gehört und von *Mitte April–Ende Juni sowie von Sept.– Mitte Nov. (10–17 Uhr, außer Mi, nur mit Führung)* besichtigt werden kann; unterhalb des Schlosses ist eine gute und originelle Jausenstation. Von dort geht es auf dem etwas tiefer gelegenen Stabener Schnalswaal zurück nach Tschars. Auf seinem Köfelgut in Kastelbell macht der Winzer Hubert Pohl bekannt elegante Weine.

Auskunft erteilt der *Tourismusverein, 39020 Kastelbell-Tschars, Tel. 04 73 62 41 93.*

Laas　　　　　　　　　　　**(109/D 2)**
↙ Das Steinmetzwerkzeug im Gemeindewappen und die vielen baulichen Akzente in reinem Weiß deuten auf die größte Besonderheit des Ortes (870 m) hin: das Marmorvorkommen im Laaser Tal. Der chemisch fast

> ### »Die Vinschgauer lügen nicht«
>
> Maximal ist vieles im Vinschgau: die Schroffheit der Berge, die Siedlungshöhe, eine extrem hohe Schneegrenze, extreme Trockenheit, die größten Murkegel ... und die besten Lügner (und all das ist wahr). Beim Lügenwettkampf jedenfalls – so erzählt es eine Anekdote, die die Vinschgauer auch zu Eingeweihten der Logik macht – wurde jener Vinschgauer Sieger, der sich hinstellte und sagte: Die Vinschgauer lügen nicht! Daß der Vinschgau eine »Intelligenzlandschaft« sei, hat nicht mal ein Vinschgauer gesagt, und daß er eine Künstlerlandschaft ist, bestätigen sogar die Kunstkritiker.

reine Kalkstein ist witterungsbeständiger als der griechische und der von Carrara und trotz modischer Schwankungen seit Jahrhunderten beliebt als Material für Skulpturen – bis nach Wien und Berlin. Daher ist Laas auch Standort einer Steinmetzschule und Veranstaltungsort für Bildhauersymposien. Laaser Marmor prägt die Bauplastiken in der Pfarrkirche, einer interessanten und gelungenen Verbindung romanischer Teile (rekonstruierte Rundapsis des 12.Jhs.) mit neuen Bauelementen.

Noch älter und sicher vorromanisch ist das am Nordrand des Dorfs gelegene ❂ *St. Sisinius-Kirchlein*, zu dem man auch auf einer prächtigen, zweistündigen Rundwanderung über die sogenannte Gadriamure gelangt. Der die ganze Gegend beherrschende Murkegel (der zweitgrößte der gesamten Alpen) ist noch durchzogen von den Spuren des alten Waalsystems und zeigt sehr gut die typische Steppenvegetation des Vinschgauer Sonnenbergs mit Federgras, Tragant, Sanddorn, Wermut und duftenden Kräutern.

Auskunft über *Tourismusverein, 39023 Laas, Tel. und Fax 04 73 62 66 13*

Laatsch (100/B 6)

❂ Auf der anderen Talseite ist Laatsch ein gutes Beispiel für ein Obervinschgauer Dorf. Verstärkt wird der Eindruck archaischer Weltferne durch drei Kirchenbauten außerhalb der Siedlung: die doppelgeschossige *Leonhardskirche* mit Innenausstattung aus dem frühen 15.Jh., die gleichalte *Cäsariuskirche* und die daneben an altem Quellheiligtum stehende *Kirche zu den heiligen Ärzten Kosmas und Damian*. Von hier läßt sich eine schöne Waalwanderung nach Taufers im Münstertal machen.

Latsch (109/F 2)

Für das Verweilen in der Gegend von Latsch (640 m) gibt es eine ganze Reihe von Gründen: für Sportler ein ganzes Paket von Angeboten, einschließlich Skigebiet auf der Tarscher Alm ❂ (bis 2300 m); für Landschaftsgenießer die mit einer kleinen Seilbahn von Latsch erreichbare Bergsiedlung ❂ *St. Martin im Kofel* (von hier führt eine schöne Sonnenbergwanderung nach Schlanders) mit ihrem Kontrast steilster Bergflanken und weiter Schafweiden; für Kunstfreunde die gotischen Fresken (1487) in der *Burgkapelle von*

VINSCHGAU

Obermontani (wo eine wichtige Handschrift des Nibelungenliedes gefunden wurde) sowie die Fresken und der große Flügelaltar von Jörg Lederer (um 1520) in der *Spitalkirche* von Latsch.

Einiges davon läßt sich auf ★ Waalwegen erkunden: auf dem Rundweg von Latsch über Morter entlang dem Neuwaal und weiter über den Rautwaal. Originell sind an einer Felswand am Neuwaal die Gravuren früherer Waalhüter mit Selbstbildnissen und Beispielen der ausgeklügelten Wasser-»Buchführung«, mit deren Hilfe jeder Wasserbezieher zu seinem Recht kam (Gehzeit 3,5 Std.). ↯ Einer der letzten großen Waale ist der üppig wuchernde Vegetationsgürtel des wasserreichen Latschanderwaals, der von Goldrain bis Kastelbell in einer Stunde zu absolvieren ist.

Auskunft: *Tourismusverein, 39021 Latsch–Goldrain–Morter–Tarsch, Tel. 04 73 62 33 22*

Mals (100/B 6)

Auf engstem Raum finden sich wichtige Zeugnisse der Obervinschgauer Kulturgeschichte, immer verbunden mit starken Landschaftseindrücken: ↯ Mals (1050 m), ein lebhafter Markt am Reschenweg von alters her, hat fünf Türme. Einer davon gehört zur St.-Benedikt-Kirche aus dem 8. Jh. mit bekannten karolingischen Fresken. Weitum bekannt ist im Malser Ortsteil Burgeis der Gasthof *Zum Mohren*, mit sehr gutem Restaurant, *Di geschl., Tel. 04 73 83 12 23, Kat. 2.*

Den Weg von Burgeis vorbei an der Fürstenburg der Churer Bischöfe hinauf zur leuchtenden ↯ »Festung« des *Klosters Marienberg* sollte man zu Fuß machen. Das 900 Jahre alte höchste Benediktinerstift Europas ist lange das geistige und geistliche Zentrum des Vinschgaus gewesen, auch was die Verbreitung der deutschen Sprache (gegen die ältere rätoromanische) betrifft. Heute wird das Kloster (das im Sommer auch Gäste mit Meditationsbedürfnis aufnimmt) wegen seiner Kunstschätze viel besucht: der im 17. Jh. gründlich barockisierten, ursprünglich romanischen dreischiffigen Pfeilerbasilika und der 1981 durch Freilegung wiederhergestellten ★ *Krypta* mit ihrem großartigen Freskenprogramm (um 1180), durch das Marienberg zu einem erstrangigen Denkmal romanischer Wandmalerei überhaupt geworden ist. *Führungen Juli–Okt. mehrmals tgl. außer So und feiertags, nach Voranmeldung, Tel. 04 73 83 13 06, Eintritt: 3000 Lit*

Das frühe Christentum, aber auch die »heidnische« Bronzezeit haben ihre Spuren hinterlassen am Felshügel des ↯ Tartscher Bühel. Gekrönt wird der von Sagen umrankte Hügel von der romanischen St.-Veits-Kirche.

Auskunft erteilt der *Tourismusverein, 39024 Mals-Burgeis, Tel. 04 73 83 11 90, Fax 04 73 83 19 01.*

Martelltal (109/D–F 3–4)

↯ Das Martelltal, das von Morter über den Gemeindesitz Martell bis zum wildromantischen Talschluß unter den Fast-Viertausendern Cevedale und Zufallspitze reicht, ist eine der wenigen alpinen Idyllen, wo der Mangel (an Infrastruktur) auch eine Chance für den touristischen Zukunftsbedarf an »Natur pur« sein könnte. Im Nationalpark Stilfser Joch gelegen, ist das weitgehend unberührte Martelltal dabei, zu einem Beispielfall für »sanften« Tourismus zu werden. Bislang ist es noch ein Tip unter Hochtouristen, aber auch eine kostbare Wanderlandschaft. Als Beispiel dafür sei der Weg von Martell zum höchsten Hof, zum Stallwieser (1950 m) mit seiner alten Mühle (Jausenstation!), und den hier in extreme Höhe vorstoßenden Zirbelkiefern empfohlen. Auch im Winter setzt Martell auf Abwechslung mit Langlauf-, Biathlon- und Rodelbahnen.

Auskunft: *Tourismusverein, 39020 Martell, Tel. 04 73 74 45 98, Fax 04 73 74 46 98*

Naturns (110/B 2)

In Naturns (555 m) liegt unweit der Staatsstraße das ★ Kirchlein zum hl. Prokulus (um 630) hochwasserfrei an der ehemaligen Römerstraße, der Via Claudia Augusta. Neue Grabungen haben das kleine Heiligtum noch weiter zurückdatiert als die dem 8. Jh. zugehörigen Fresken, die ältesten des deutschen Sprachraums. Das Resultat war die Entdeckung eines spätantiken Friedhofs aus dem 4./5. Jh., genau an der Nahtstelle zwischen vorchristlichen und christlichen Riten, und eines germanischen Kriegergrabes aus dem 7. Jh. *Besichtigung April–Okt. 9.30–12, 14.30–17.30 Uhr, Führungen 10 und 15 Uhr*

Naturns selbst, ein typisches Straßendorf, weist mit vielen neuen Hotels und einigen alten Fuhrmannsgasthäusern (z. B. *Adler* am Hauptplatz) auf seine Lage am damals wie heute wichtigen Verkehrsweg hin. Urgemütlich ist's im *Wiedenplatzer Keller (Eichgasse 59, tgl. außer Di, Tel. 04 73 66 74 31, Kat. 1).* Im Papalalap treffen sich junge Leute *(Hauptstr. 47, tgl. außer Mo 19–1 Uhr).* Im Restaurant Steghof (mit Kunstgalerie) wird kreativ gekocht und in alten Stuben stilvoll gegessen. *Mo und Di geschl. An der Abzweigung nach Schnals, Tel. 047 38 82 24, Kat. 2*

Auskunft: *Tourismusverein, Rathausstr. 1, 39025 Naturns, Tel. 04 73 66 72 87, Fax 04 73 66 82 70*

Ortlergebiet (108/A–C 2-4)

Etwa ab Tschengls, wo die Talsohle von der Tschenglser Hochwand (3378 m) um fast 2500 m überragt wird (ein Rekord an relativer Höhe in den Ostalpen), setzt sich die herbe Schattierung der Obervinschgauer Landschaft endgültig durch. Die Talweitung, an deren Rändern Prad, Glurns, Mals und Schluderns liegen, ist ein guter Ausgangs- und Orientierungspunkt für Kunstfahrten; der ganze obere Vinschgau (nicht nur die Orte im Bannkreis des 3900 m hohen Ortlers) wird dazu von Berg- und Wintersportlern geschätzt. Zusätzliche Attraktivität erhält die Gegend durch ihre Grenznähe zur Schweiz und zu Österreich sowie durch Europas höchste Paßstraße, das Stilfser Joch (2760 m). Vom Ort Prad im Etschtal, auf 915 m gelegen, widmet sich die Straße über fast 50 Serpentinen auf Paßhöhe. Kaiser Franz hatte 1818 den Auftrag zum Bau dieser Straße gegeben. In nur zweijähriger Bauzeit war sie fertiggestellt. Mit der Errichtung des

VINSCHGAU

ersten Hotels gegen Ende des 19. Jhs. begann der Werdegang des Stilfser Jochs als beliebte Ferien- und Sommerskiregion.

Der Urlauber hat im Winter die Wahl zwischen den »klassischen« Wintersportorten der Ortler-Skiarena im *Sulden-* und *Trafoier Tal* (nicht zu vergessen das wie ein Erker in der Bergflanke hängende Stilfs) und den Skigebieten jüngeren Datums im Gebiet um den *Haider* und *Reschen-See.* Oasen der Ruhe sind das *Langtauferer-* und *Rojental.* Vom Frühjahr bis zum Herbst ist das Obervinschgau eine großartige Wanderlandschaft.

Prad (108/C 2)
Die aus dem 13. Jh. stammende *Burgruine Lichtenberg* im gleichnamigen Ortsteil von Prad (915 m) birgt Reste eines (abgelösten und in Innsbruck aufbewahrten) Freskenzyklus und ist ebenso sehenswert wie die außerhalb von Prad liegende romanische Kirche St. Johann.

Auskunft erteilt der *Tourismusverein, 39026 Prad am Stilfser Joch, Tel. 04 73 61 60 34*

Schluderns (100/C 6)
Schluderns, ein hübscher Ort und richtiger Ortler-»Balkon«, besitzt eins der regional bedeutenden Kunstdenkmäler: ★ *Schloß Churburg* (älteste Teile um 1300), seit bald einem halben Jahrtausend im Besitz der Grafen Trapp, die sich nicht nur um die bauliche Ausstattung (Turnierplatz, Loggienhof, Jakobzimmer, Kapelle, Rüstkammer), sondern auch um ihre hervorragende Erhaltung verdient gemacht haben. Größte Einzelattraktion ist die Rüstkammer, die bedeutendste private in Europa, keine Sammlung im üblichen Sinn, sondern das »Familieneisen« der Churburger Herren – es weist zurück bis ins 14. Jh. *März–Nov. tgl. außer Mo nur mit Führung, Tel. 04 73 61 52 41, Eintritt: 7000 Lit.*

Im großen Bogen umwandern läßt sich die Churburg auch auf einem Rundweg, der ein Stück ins urtümliche, den »rätischen«

Bestens erhalten: der Arkadenhof im Schloß Churburg in Schluderns

Charakter des Vinschgaus noch besonders stark widerspiegelnde Matscher Tal (3 Std.) führt. Er berührt auch das *Ganglegg*, eine bedeutende prähistorische Fundstätte. Das *Vintschger Museum* in Schluderns vermittelt anhand von Hauptthemen Einblick in die Lebensweise und Kultur des Tals *(noch im Aufbau)*.

Auskunft erteilt der *Tourismusverein Schluderns, Tel. 04 73 61 52 58, Fax 04 73 61 54 44.*

Schnalstal (110/A 1)

Hinter Naturns zweigt die ca. 25 km lange Straße ins Schnalstal ab, das früher durch seine Abgelegenheit charakterisiert war, heute vor allem durch seinen Ganzjahres-Skibetrieb. In *Karthaus,* dem Sitz der Gemeinde, ist das Dorf in die Anlage des ehemaligen Kartäuserklosters Allerengelsberg hineingewachsen. Im restaurierten Kreuzgang gibt es im Sommer Kunstausstellungen. Sehenswert ist der Friedhof mit den vielen Grabkreuzen des Schnalser Eisenplastikers Martin Rainer.

Wer den Rummel am Talschluß links liegenlassen will, kann bei Karthaus rechts abbiegen ins Wandergebiet des *Pfossentals,* das zum Naturpark Texelgruppe gehört (eigene Informationsstelle über den Park gibt es in Naturns).

Das Schnalstal hat Superlative zu bieten: den ehemals höchsten Hof mit Getreideanbau, den Finailhof auf über 1950 m (bäuerlicher Gastbetrieb) sowie den alljährlichen Schaftrieb der Schnalser Bauern über rund 3000 m hohe Gletscherübergänge zu ihren aus alten Rechten herrührenden Hochweiden in Nordtirol. Und am Hauslabjoch befindet sich die Fundstelle der weltberühmten Gletschermumie Ötzi, zu der geführte hochalpine Touren unternommen werden. In der Grundschule von *Unsere Frau* gibt es im Sommer eine Eismannausstellung.

Auskunft erteilt der *Tourismusverein, 39020 Schnals, Tel. 04 73 67 91 48, Fax 04 73 67 91 77.*

Suldental (108/B-C 3-4)

Auf dem Weg von Prad zum Stilfser Joch gabelt sich die Straße in Gomagoi. Geradeaus führt sie weiter ins Trafoier Tal, links biegt sie ab ins von den eindrucksvollen Bergen der Ortlergruppe geprägte Suldental. Vom Ort *Sulden,* bereits Anfang des 20. Jhs. als Ferienort bekannt, kann man hochalpine Sommer- und Wintertouren unternehmen. Reinhold Messner macht sich mit seiner Ausstellung *Alpine Curiosa (tgl. 9–17 Uhr, Eintritt frei)* einen Namen. Sulden bietet sich auch an als Ausgangspunkt für Ausflüge zum Naturpark Stilfser Joch.

Taufers im Münstertal (108/A 2)

Hinter diesem Ort verläuft die Schweizer Grenze. Das von den Schlössern Rotund und Reichenbach dominierte Dorf hat seine Hauptsehenswürdigkeit in dem burgartigen Baukomplex von Pilgerhospiz und Kirche zu St. Johann, im 13. Jh. von den Johannitern an der Verkehrsader über den Ofenpaß erbaut und mit byzantinisch beeinflußten Wandbildern ausgestattet.

Auskunft erteilt der *Tourismusverein, 39020 Taufers im Münstertal, Tel. 04 73 83 21 64, Fax 04 73 83 23 50.*

ROUTEN IN SÜDTIROL

Schaustraßen zum Staunen

Die hier beschriebenen Routen sind in der Übersichtskarte im vorderen Umschlag und im Reiseatlas ab Seite 100 grün markiert

① GROSSE DOLOMITENROUTE

Die große Dolomitenroute von Bozen über Cortina d'Ampezzo nach Toblach ist die klassische Gebirgsstraße zum Schauen und Staunen. Sie führt durch ein weltberühmtes, höchst bizarres Felsengebirge, führt über drei Pässe (zwei davon liegen über 2000 m hoch) und streift zwei sehenswerte Städte: die alte Handelsstadt Bozen und die Olympiastadt Cortina.

Sie ist aber auch eine 150 km lange gebaute Vision von der Eroberung der Dolomiten durch das Automobil und war zur Zeit ihrer Fertigstellung (1909) noch recht abenteuerlich. Das ist sie heute, aus anderen Gründen, allenfalls zu den Spitzenzeiten im Hochsommer. Aber es gibt ja auch Frühjahr, Herbst und Winter (lawinengefährliche Tage mit Sperrung der Pässe ausgenommen): Jede Jahreszeit und jede Wetterkonstellation ist auf der Dolomitenstraße reizvoll.

Die Strecke beginnt in Kardaun nahe *Bozen* (Autobahnausfahrt: Bozen–Nord) an der Mündung des Eggentals, die vom pittoresk auf seinem Porphyrfelsen hockenden *Schloß Karneid* bewacht wird, und folgt der dramatisch-engen Bachschlucht. Über Welschnofen zu Füßen von Rosengarten und Latemar (nahe Wintersportgebiet Obereggen) geht es durch prächtige Bergwälder zum spiegelblanken *Karer See (S. 38f.)*, in dem sich die Bergkulisse des Latemar verdoppelt (beliebtes Fotomotiv), und zum *Karerpaß* (1753 m). Das ehemals größte Dolomitenhotel an der Paßhöhe ist jetzt mit Ferienapartments bestückt. Golfer können die Fahrt hier für eine Partie unterbrechen *(Golfclub Karer See, Mai–Nov., Tel. 04 71 61 22 00)*. Weiter geht es ins an Südtirol angrenzende trentinische *Fassatal*. Vigo di Fassa, Pozza, Campitello und Canazei beziehen ihr Sommer- und Winterimage von der beherrschenden Marmolada-Gruppe mit der höchsten Dolomiten-Erhebung (3342 m).

Am nördlichen Ortsausgang von Canazei beginnt die Auffahrt zum Pordoi-Joch: In 27 Kehren schraubt sich die Straße durch schöne Zirbenwälder und Hochweiden dem Sellastock und der Paßhöhe (2239 m) entgegen. Zur Bergkulisse gehört auch der

Col di Lana, der »Blutberg« des Ersten Weltkriegs, dessen Bergkuppe nach einer über einjährigen Belagerung durch italienische Truppen mitsamt den ihn besetzt haltenden Österreichern gesprengt worden war.

Über Arabba geht es auf den Falzarego-Paß (2105 m), ebenfalls altes Kriegsgebiet. Am *Sasso di Stria* (Hexenstein), sichtbar von der Paßhöhe aus, führt ein 500 m langer Stollen durch den Berg hindurch zur vorgeschobenen österreichischen Stellung. Viele der alten Kriegsschauplätze und -wege in den Dolomiten sind übrigens inzwischen zu »Friedenswegen« umgestaltet worden und bieten schöne Tourenmöglichkeiten.

Abwärts geht es jetzt nach *Cortina d'Ampezzo,* 1956 Austragungsort der Olympischen Winterspiele, umgeben von legendären Gipfeln mit klangvollen ladinischen Namen wie Cristallo, Sorapiss, Antelao, Tofane. Sommers wie winters ist Cortina heute ein mondäner Ort des Sehens und Gesehenswerdens vor allem für die Schickeria aus den italienischen Großstädten.

Im Mittelalter stand übrigens die Landschaft des Ampezzo unter der Herrschaft des Stifts Innichen im *Pustertal (S. 49 ff.),* das wiederum zum Bistum Freising in Bayern gehörte. Dann war es venezianisch, österreichisch, bayerisch, wieder österreichisch und nach dem Ersten Weltkrieg erst italienisch.

Cortina ist von einem Kranz von Bergbahnen umgeben, die allen spektakulären Bergen ringsum, z. B. den *Tofana di mezzo* (3244 m), bedenkenlos auf den Pelz rücken.

Wer jetzt noch nicht genug vom Pässeklettern hat, kann von Cortina über den Tre-Croci-Paß (1809 m) einen Abstecher zum *Misurina-See* (1735 m) machen und von dort weiterfahren nach Toblach. In diesem Fall geht die Fahrt über den flachen Sattel von *Cimabanche* (Gemärk) zur reizvollen alten Hotelsiedlung *Schluderbach* und, im Bann der Drei Zinnen, nach Toblach *(S. 55).*

Wählt man in Arabba die Streckenvariante ins Gadertal, so läßt sich der Gebirgsstock der Sella über weitere drei Dolomitenpässe erkunden und umrunden: Campolongo (1875 m) – Corvara (1511 m) – Grödner Joch (2121 m) – Sellajoch (2214 m).

Diese »Sellarunde« läßt sich übrigens mit vier verschiedenen Fortbewegungsmitteln machen: per Auto, wie geschildert, per Bus (mit einem speziellen Rundfahrt-Ticket, der »Sellaronda-Card«), zu Fuß (seilbahn- und busgestützt) und im Winter als Super-Ski-Abfahrt, liftgestützt, aber dennoch anspruchsvoll und anstrengend, durch die Gebiete Alta Badia, Gröden, Fassa, Arabba (dazu ist günstig der Dolomiti Superski-Paß).

② DREILÄNDERFAHRT IM ORTLERGEBIET

Die Route führt von der Abzweigung der Stilfser-Joch-Straße bei Spondinig im Obervinschgau über Prad und Trafoi in 48 Kehren zum Stilfser Joch und von dort aus über Sta. Maria im Münstertal und Taufers nach Glurns zurück. Wer eine längere Route bevorzugt, fährt von Sta. Maria westlich über den Ofenpaß durch das schweizerische Engadin, überquert bei Martina die Grenze nach Österreich,

ROUTEN IN SÜDTIROL

stattet Nauders einen Besuch ab, bevor er über den Reschenpaß ins Obervinschgau zurückkehrt. Achtung: Im Gegensatz zu den Dolomitenpässen sind Stilfser Joch und Umbrailpaß zwischen November und April/Mai geschlossen. Für die kürzere Route (ca. 150 km ohne Abstecher) sollten Sie mindestens einen ganzen Tag einplanen, für die längere Variante über das Engadin entsprechend länger.

Von Spondinig fahren Sie über Prad und Stilfs nach Trafoi. Unterwegs können Sie einen Abstecher nach Südosten in das hochalpine Ortler-Dorf *Sulden (S. 90)* machen. Von Trafoi aus führen 48 Kehren zum *Stilfser Joch* (2757 m). Rufen Sie sich in Erinnerung, daß diese ungemein kühne »Königin der Alpenstraßen« bereits im ersten Viertel des 19. Jhs. fertiggestellt wurde: ein Kaiserwort von Franz I. von Österreich für die kürzeste Verbindung zwischen (dem damals noch österreichischen) Mailand und Tirol. Kurz darauf haben Sie den schweizerischen *Umbrail-Paß* (2502 m) erreicht. Wer mag, kann hier der Straße folgen und dem hübschen Erholungsort *Bor-*

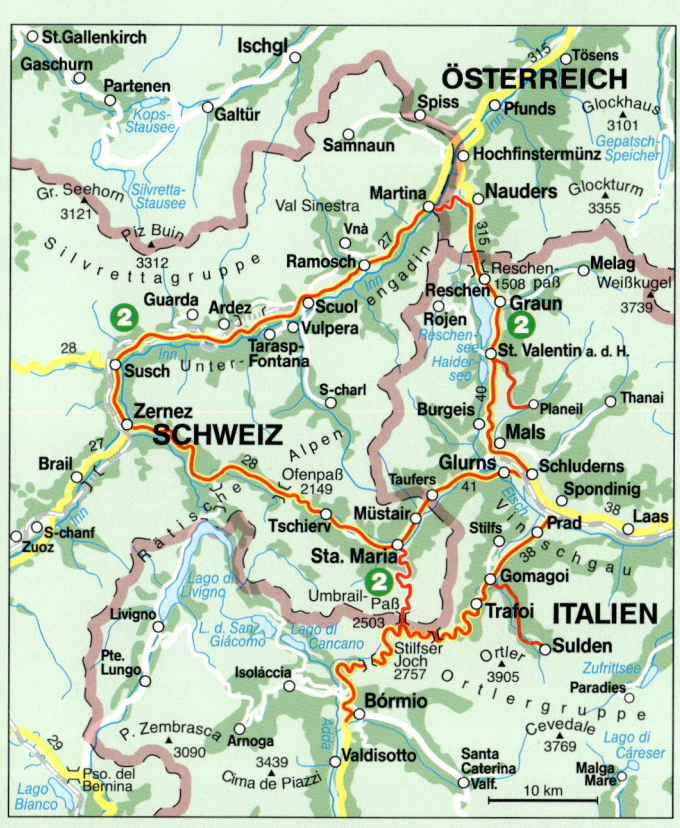

mio einen Besuch abstatten. Ansonsten geht es weiter nach *Sta. Maria im Münstertal,* das mitten im rätoromanischen Sprachgebiet Graubündens liegt. Hier können Sie sich für eine kürzere oder längere Routenvariante entscheiden.

Die kürzere Route führt Sie nach Südtirol über die Grenzorte Müstair (Schweiz) und Taufers im Münstertal/Südtirol nach Glurns und weiter nach Schluderns zurück. In diesem Fall ist die Besichtigung des in *Müstair* gelegenen *Benediktinerinnenklosters* ein Muß. Die karolingische Gründung (um 780) hatte eine Eigenkirche, nämlich St. Benedikt, in Mals im Obervinschgau. Auch hier sind die alten kulturellen Verbindungen zwischen den benachbarten Talschaften spürbar. Die *Stiftskirche* von Müstair ist bestens erhalten. Das kürzlich restaurierte Gotteshaus enthält einen umfangreichen, um 800 entstandenen Freskenzyklus. Mit den Kunstschätzen jenseits der Grenze in *Taufers im Münstertal (S. 90,* Hospiz und Kirche St. Johann), dem reizenden und reizvoll wiederbelebten mittelalterlichen Kleinststädtchen *Glurns (S. 85),* der prächtigen Ritterburg *Churburg (S. 89)* bei Schluderns, den großartigen Kryptafresken im *Kloster Marienberg (S. 87)* und den Fresken von *St. Benedikt/ Mals (S. 87)* ist diese kurze Routenvariante zugleich eine kleine Kunstreise durch das mittelalterliche Südtirol.

Wählen Sie ab Sta. Maria die Strecke nach Westen und verlängern Ihren Schweiz-Aufenthalt, führt die Straße über den ganzjährig geöffneten *Ofenpaß* und *Zernez* durch das Unterengadin nach *Martina.* Von dort aus geht es ins österreichische *Nauders.* Über den *Reschenpaß* (1508 m) – den niedrigsten Alpenübergang schätzten schon die Römer als Teil ihrer Via Claudia Augusta) – geht die Fahrt am *Reschensee* vorbei. In diesem Stausee haben die ehemaligen Bewohner von Graun 1949 ihr altes Dorf versinken sehen. Nur der gotische Turm der Pfarrkirche ragt noch aus dem Wasser und gibt ein oft fotografiertes Denkzeichen ab. Dann führt die Straße hinter dem kleineren, malerischen *Haider See (S. 89)* abwärts über die schräge Tafel der Malser Haide. Unterwegs fällt in einer Kehre ein italienisches Ossarium auf, Grabstätte für Hunderte im Ersten Weltkrieg gefallene italienische Soldaten, deren Gebeine aus anderen Teilen des Landes hierher gebracht wurden – in diesem Gebiet haben nie Kämpfe stattgefunden. Ein letzter Abstecher könnte von Dörfl bei St. Valentin auf einer kleinen Nebenstraße an dem Edelsitz Plawenn vorbei über Alsack ins weltentrückte *Planeil* führen. Bleiben Sie auf der Hauptstraße, werden Sie bei *Burgeis* die weiße Festung von *Kloster Marienberg (S. 87)* sehen – und unbedingt besuchen wollen. Dort in der Nähe lockt, freilich mit anderen Reizen, im Winter das weitläufige Skigebiet der Watles. Über die anheimelnde Stadt *Mals (S. 87)* mit ihren fünf Türmen, die zu den Kirchen und der Ruine einer Burg aus dem 12. Jh. gehören, geht es nach *Schluderns (S. 89f.),* wo Sie nach der Besichtigung des Schlosses Churburg diese Route mit einer Wanderung auf einem Waalweg ausklingen lassen können.

PRAKTISCHE HINWEISE

Von Auskunft bis Zoll

Hier finden Sie die wichtigsten Informationen und Adressen für Ihre Südtirolreise

AUSKUNFT

Italienische Fremdenverkehrsämter
– 10178 Berlin, Karl-Liebknecht-Str. 34, Tel. 030/247 83 97, Fax 247 83 99
– 60329 Frankfurt am Main, Kaiserstraße 65, Tel. 069/23 74 34, Fax 23 28 94
– 80336 München, Goethestraße 20, Tel. 089/53 13 17, Fax 53 45 27
– 1010 Wien, Kärntnerring 4, Tel. 01/50 54 37 40, Fax 505 02 48
– 8001 Zürich, Uraniastr. 32, Tel. 01/211 36 33, Fax 211 38 85

Südtirol Tourismuswerbung
Pfarrplatz 11, 39100 Bozen, Tel. 04 71 99 38 08, Fax 99 38 98

Verkehrsmeldezentrale Bozen
Tel. 04 71 20 01 98

Alpinauskunft Bozen
Tel. 04 71 99 38 09

AUTO

Ein Großteil der Südtirolurlauber reist mit dem Auto an. Die Benutzung der Autobahn ist mautpflichtig. Höchstgeschwindigkeit außerhalb der Ortschaften für Pkw 90 km/h, innerhalb 50 km/h, auf Autobahnen 110 km/h. Rund um die verkehrsberuhigten Zentren von Bozen, Brixen und Meran stehen gegen Gebühr bewachte Parkplätze zur Verfügung. Falschparker riskieren es, abgeschleppt zu werden. Die Geldstrafe kann bis zu 300 000 Lit. betragen.

BANKEN – GELDWECHSEL

Banken sind meist von 8 bis 13 und zwischen 14.30 und 16 Uhr geöffnet. Lire-Beträge können bei den Postämtern (geöffnet meist 8–13.30 Uhr) auch von deutschen Postsparbüchern abgehoben werden.

CAMPING

Über die mehr als 30 Campingplätze gibt es bei der Südtirol Tourismuswerbung einen eigenen Prospekt.

DIPLOMATISCHE VERTRETUNG

Das Generalkonsulat der Bundesrepublik Deutschland *(Mailand, Via Solferino 40)* hält in

Bozen regelmäßig Sprechtage, desgleichen gibt es einmal monatlich eine österreichische Konsulatssprechstunde. Auskunft bei der *Handelskammer Bozen, Tel. 04 71 94 55 11*

EINREISE

Benötigt werden Reisepaß oder Personalausweis, Kinder unter 16 Jahren, die nicht im Reisepaß der Eltern eingetragen sind, brauchen einen Kinderausweis.

HAUSTIERE

Für Hunde werden ein amtstierärztliches Gesundheitszeugnis (max. 30 Tage alt) und ein Zeugnis gegen Tollwut benötigt.

ÖFFENTLICHE VERKEHRSMITTEL

Außer den Bahnlinien durchs Eisack-, Puster- und Etschtal hat Südtirol ein sehr dichtes Netz von Linienbussen und zahlreiche Seilbahnen.

POST

In kleineren Orten sind die Postämter (keine Telefondienste) meist nur vormittags geöffnet.

RADFAHREN

Für Sportliche gibt es in den Südtiroler Bergen Dutzende von Touren per Mountainbike, von ganz eben bis sehr steil und schwierig. Gemütliche Radfahrer und Familien finden in allen Landesteilen genußvolle Radwanderungen um Dörfer und in Tälern. Tips und Broschüren bei den örtlichen Tourismusbüros und bei der Südtirol Tourismuswerbung.

RAFTING

Auf fünf Flüssen kann Rafting, Hydrospeed oder Kajakfahren gebucht werden. Ein Zentrum ist Sand in Taufers. Auskunft beim *Tourismusverein Sand in Taufess, Tel. 04 74 67 80 76.*

REITEN

In Südtirol gibt es derzeit sechs anerkannte Reitschulen, zusätzlich für Wildwest-Fans »Ranches« und für Haflingerfreunde viele Reitställe. Näheres bei der Südtirol Tourismuswerbung.

RETTUNGSDIENST

Notrufzentrale
Tel. 113
Carabinieri-Bereitschaft
Tel. 112
Sanitärer Notruf
Tel. 118
Verkehrspolizei
Tel. 04 71 97 60 00
Abschleppdienst
Tel. 116
Lawinenwarndienst
Tel. 04 71 27 11 77
Bergrettungsdienst
Tel. 04 71 98 19 81

TELEFON

Vorwahl Deutschland 00 49, Österreich 00 43, Schweiz 00 41, Italien 00 39. Innerhalb Italiens gibt es keine Vorwahlen mehr, innerorts wie bei Ferngesprächen – auch aus dem Ausland muß stets die komplette Nummer einschließlich der Null gewählt werden.

PRAKTISCHE HINWEISE

TRINKGELD

Im Restaurant rundet man am besten den Rechnungsbetrag auf, desgleichen im Taxi.

URLAUB AUF DEM BAUERNHOF

Überall in Südtirol möglich. Ausführliche Broschüre beim Südtiroler Bauernbund, *Brennerstr. 7, I-39100 Bozen, Tel. 04 71 99 93 33*

ZEITUNGEN

Die großen überregionalen Blätter aus Deutschland, Österreich und der Schweiz können in den meisten Urlaubsorten erworben werden.

ZOLL

Es gelten die Zollregelungen des Gemeinsamen Marktes. Innerhalb der EU dürfen 800 Zigaretten, 400 Zigarillos oder 200 Zigarren frei ein- und ausgeführt werden, desgleichen 10 Liter Spirituosen, 90 Liter Wein, 110 Liter Bier. Für Schweizer sowie bei der Ein- oder Ausreise durch die Schweiz und bei Duty-free-Einkauf gelten allerdings ganz erheblich reduzierte Freimengen.

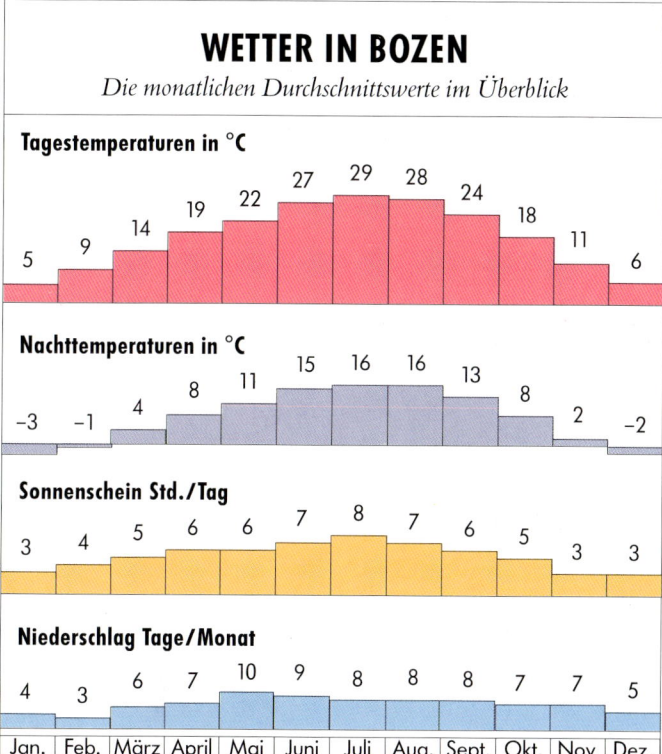

Bloß nicht!

*Auch im seriösen Südtirol
gibt es Dinge, denen Sie kritisch begegnen sollten*

Diese Rubrik soll vor Touristenfallen warnen. Die alte Tradition Südtirols als Reiseland macht solche Warnungen, wie sie in exotischen Gegenden durchaus angebracht sein mögen, eigentlich überflüssig.

Märkte
Wer das Geschiebe und Gedränge zwischen Marktständen nicht unangenehm findet, wird auf der Suche nach Schnäppchen um den beliebten Bozner Samstagsmarkt oder den Markt am Brenner keinen Bogen machen, allerdings seine (oder ihre) Handtasche ordentlich festhalten.

Trinkgelage
Weinselige Verbrüderungen, unterstützt von lautstark vorgetragenem teutonischen Liedgut, sind beim Törggelen, das die Südtiroler lieber stillvergnügt zelebrieren, nicht willkommen. Man kann auch ruhig feiern.

Volksmusik
Einiges ist Geschmackssache: Wen Klischeebilder seines Urlaubslandes nicht stören, der wird vielleicht volkstümliche Musikveranstaltungen vom Typ »Tiroler Abend« (in Südtirol ohnehin viel seltener als im österreichischen Tirol) dennoch besuchen, sollte sich allerdings darüber klar sein, daß dort mit dem Begriff »Volksmusik« sehr großzügig umgegangen wird.

Waghalsiges Klettern
In Südtirol gibt es einen gut organisierten Bergrettungsdienst, der vor allem in unvermeidbaren Notfällen Hilfe bringen soll. Viele Einsätze wären jedoch vermeidbar, wenn manche Touristen nicht immer wieder dieselben Fehler machten: das Gebirge mit einem Freizeitpark zu verwechseln und die 30 gesicherten Kletterpfade, die »Eisenwege«, mit Trimmdich-Pfaden. Tüchtige Jogger sind noch lange keine guten Kletterer. Und wer bei unsicherem Wetter allein eine Gewalttour in Tennisschuhen macht, der ist kein Bergfex, sondern ein Bergdepp.

Wein- und Obstbesitzungen
Da die Südtiroler Wein- und Obstbauern ihre Fluren im Herbst heute nicht mehr wie früher durch martialisch ausstaffierte »Saltner« bewachen lassen, erwarten sie, daß das Unrechtsempfinden der Gäste ihre Trauben, Äpfel, Nüsse und Edelkastanien vor Raubzügen bewahrt. Man sollte sie in dieser Annahme nicht enttäuschen.

REISEATLAS SÜDTIROL

Reiseatlas Südtirol

Die Seiteneinteilung für den Reiseatlas finden Sie auf dem hinteren Umschlag dieses Reiseführers

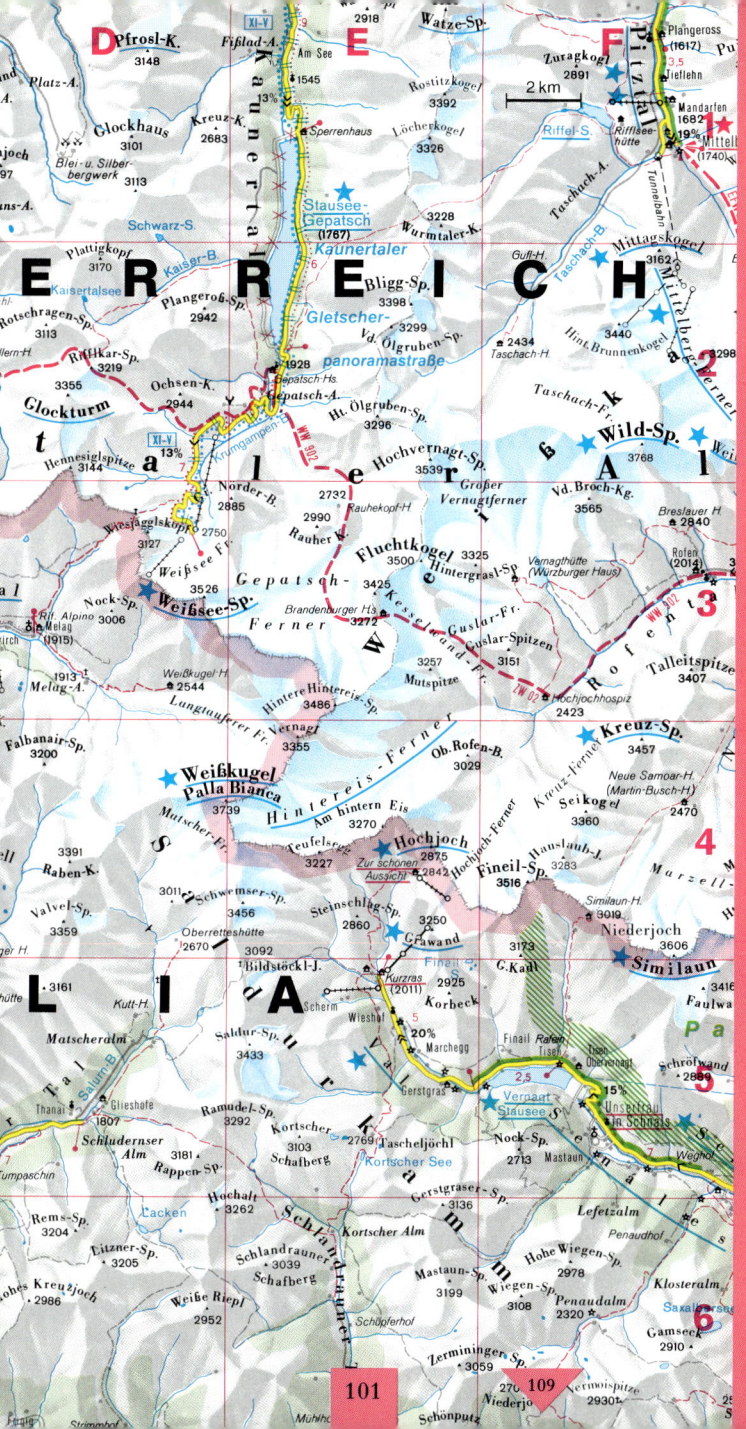

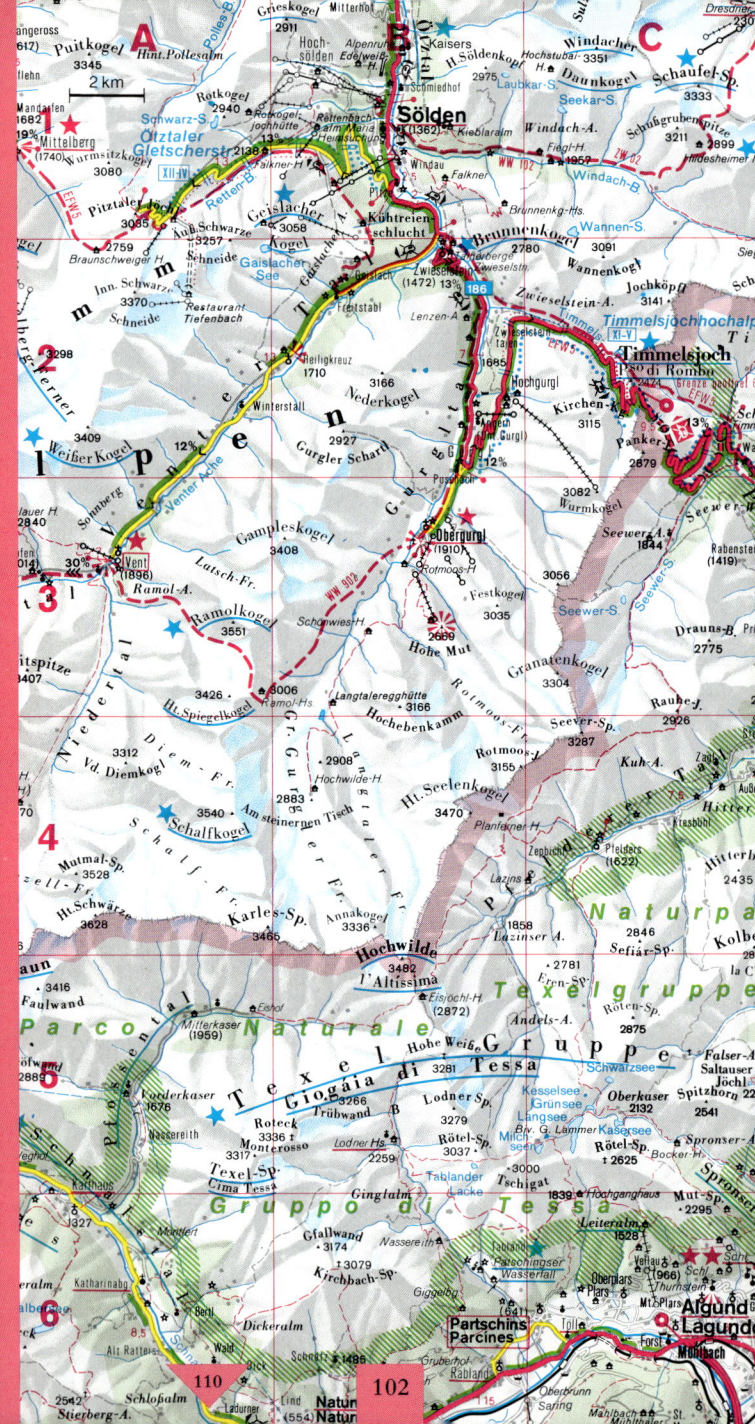

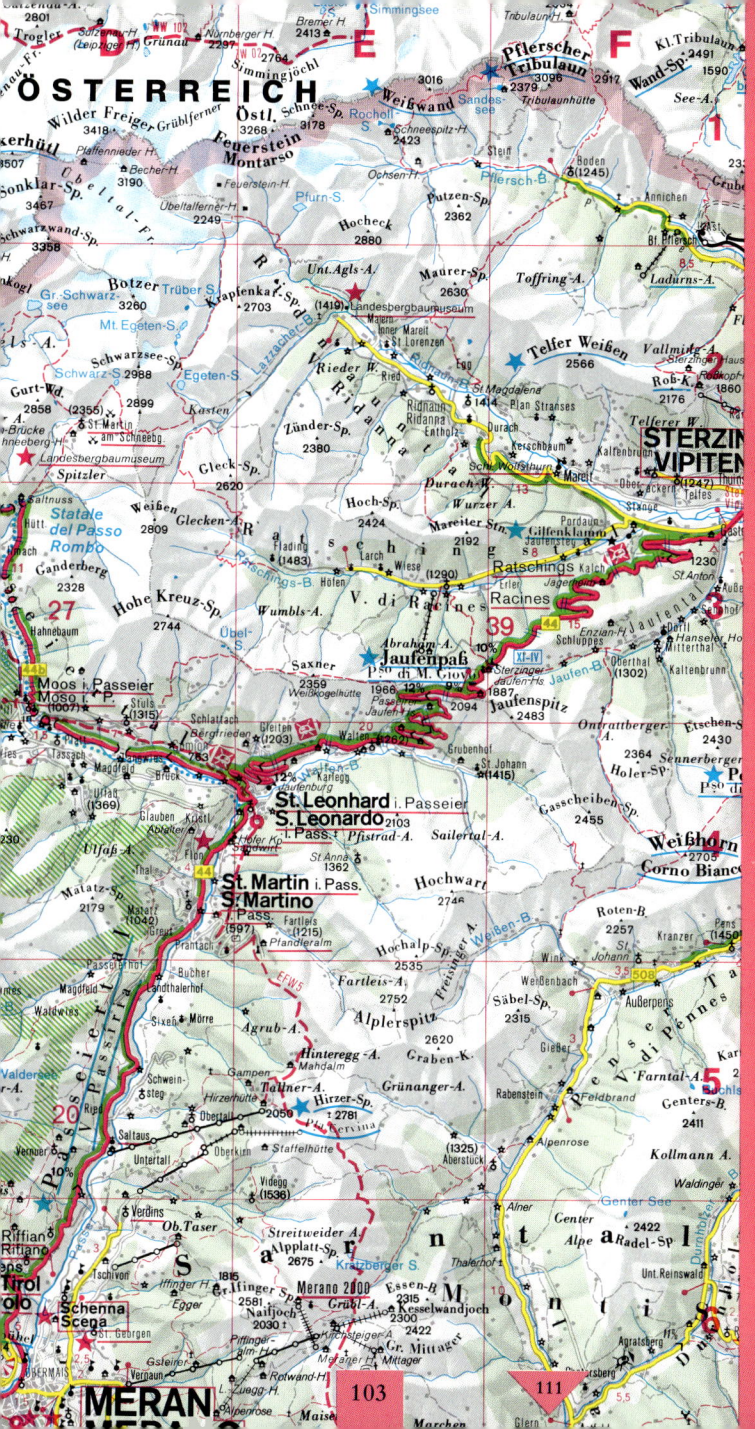

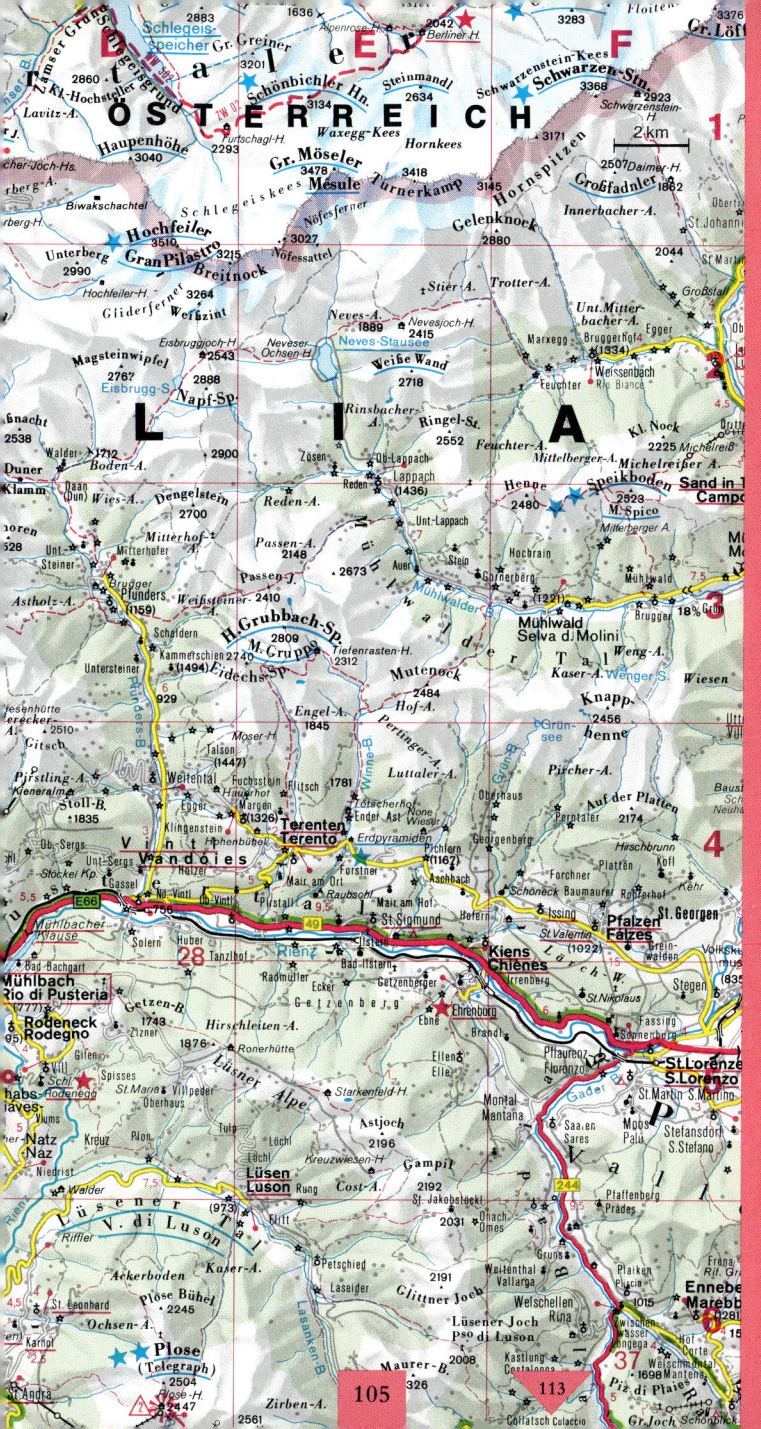

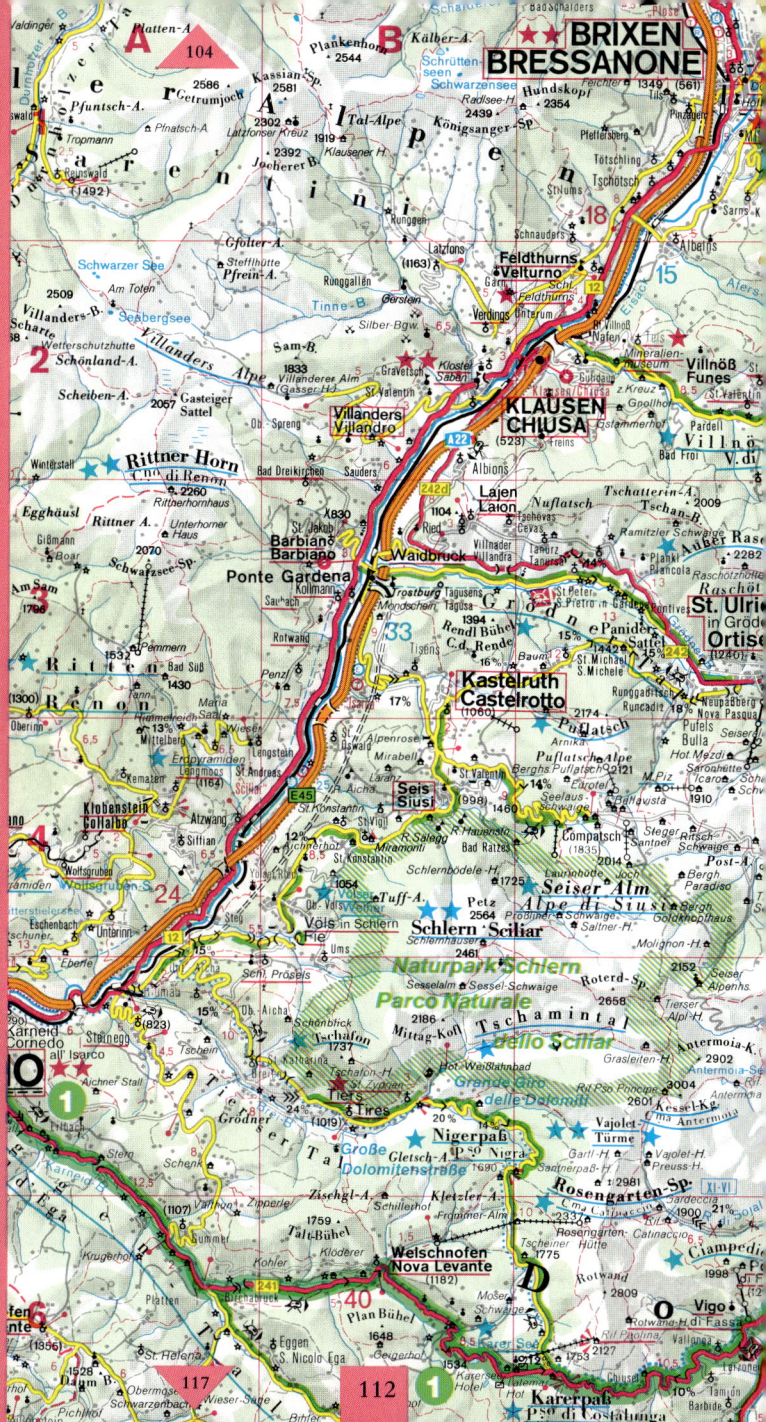

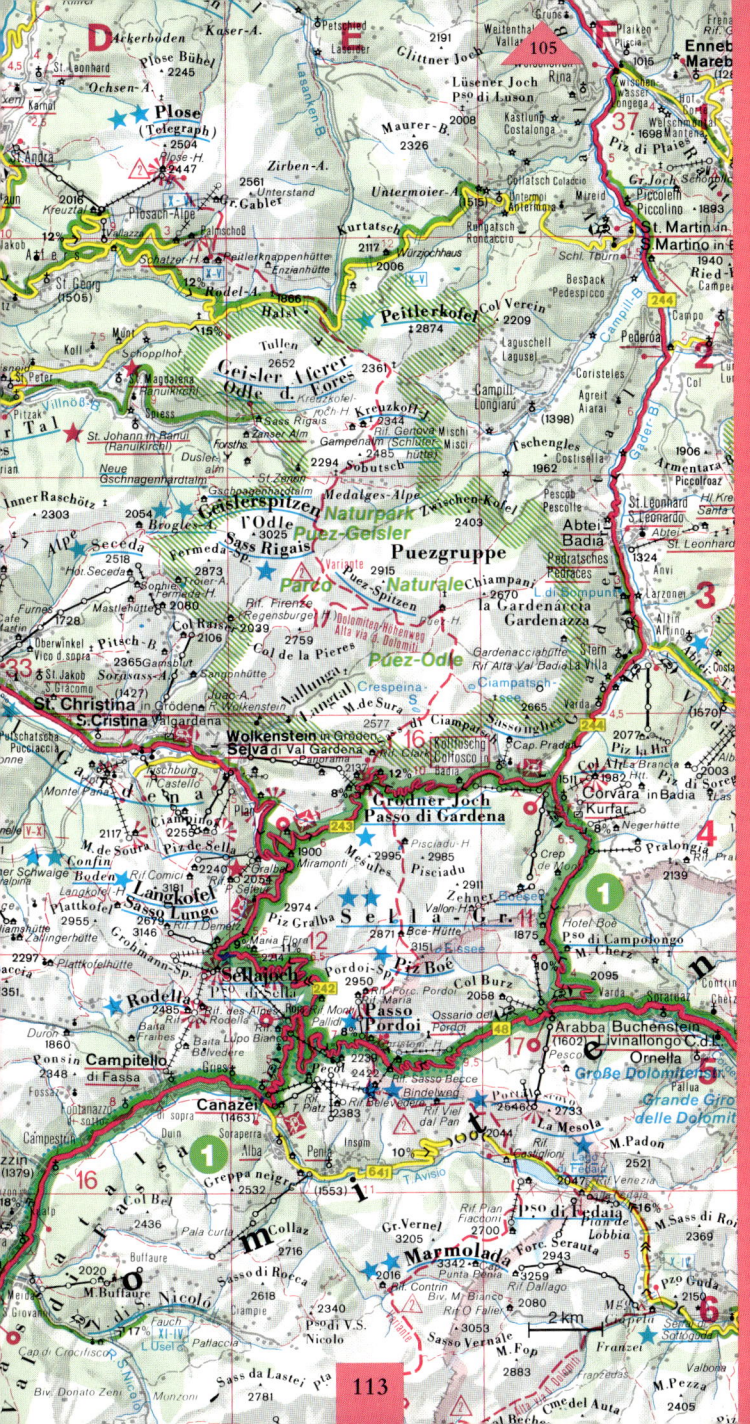

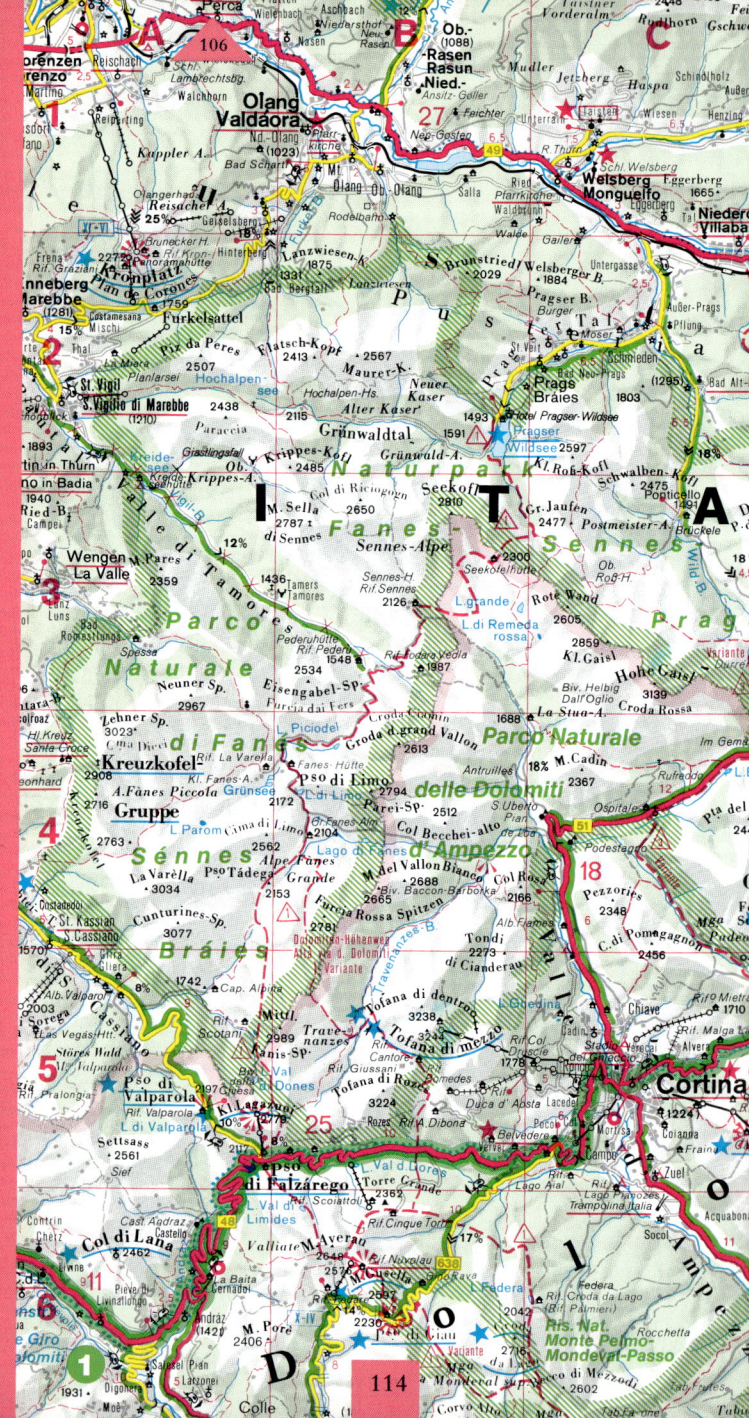

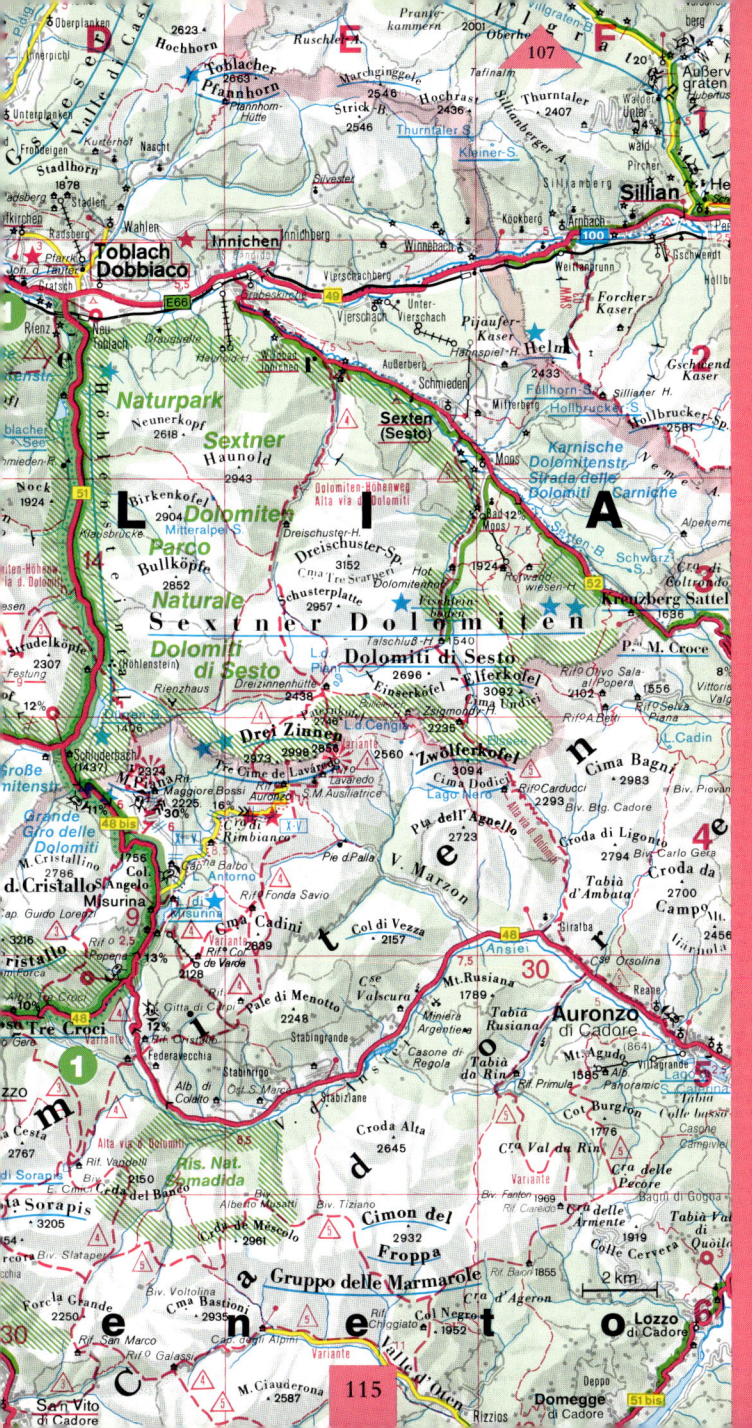

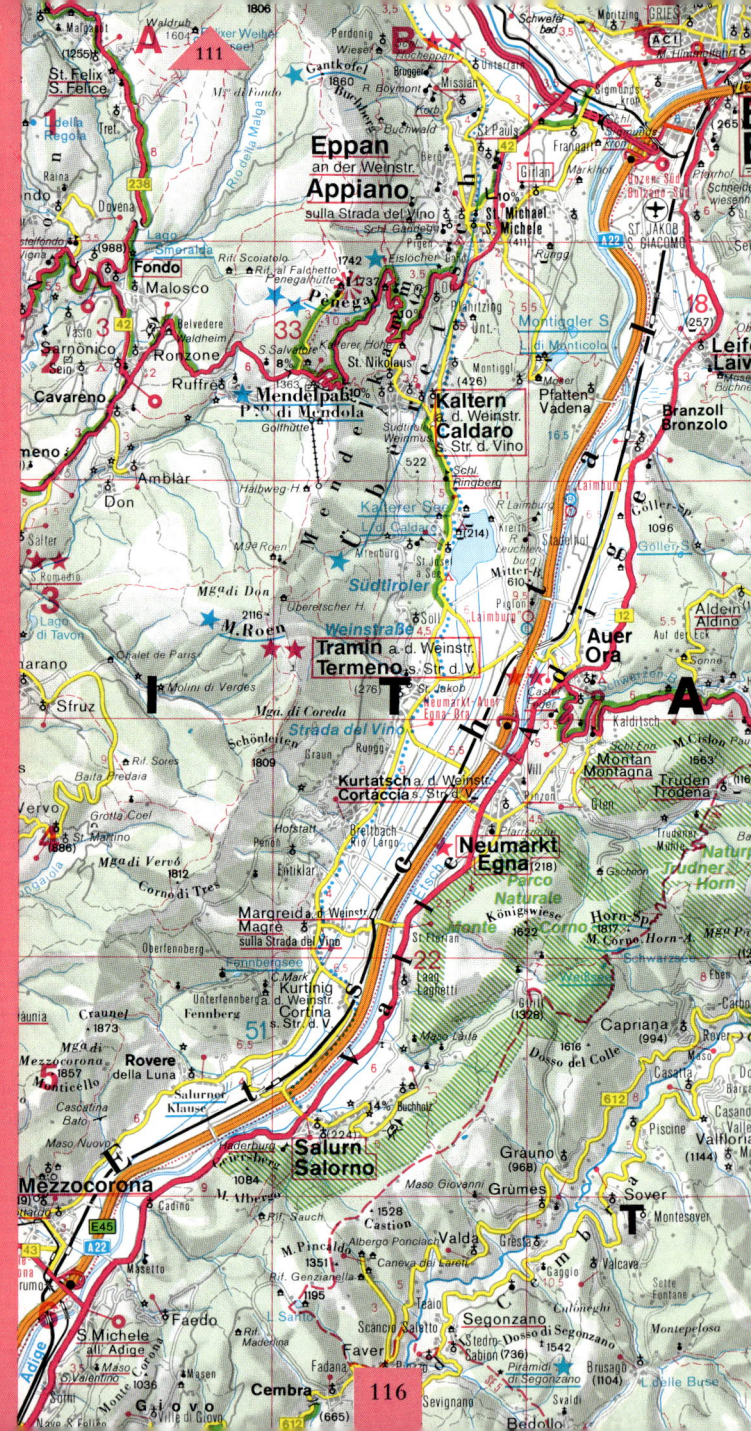

LEGENDE REISEATLAS

Autobahn · Gebührenpflichtige Anschlußstelle · Gebührenstelle · Anschlußstelle mit Nummer · Rasthaus mit Übernachtung · Raststätte · Erfrischungsstelle · Tankstelle · Parkplatz mit und ohne WC		Motorway · Toll junction · Toll station · Junction with number · Motel · Restaurant · Snackbar · Filling-station · Parking place with and without WC
Autobahn in Bau und geplant mit Datum der Verkehrsübergabe		Motorway under construction and projected with completion date
Zweibahnige Straße (4-spurig)		Dual carriageway (4 lanes)
Bundesstraße · Straßennummern		Federal road · Road numbers
Wichtige Hauptstraße		Important main road
Hauptstraße · Tunnel · Brücke		Main road · Tunnel · Bridge
Nebenstraßen		Minor roads
Fahrweg · Fußweg		Track · Footpath
Wanderweg (Auswahl)		Tourist footpath (selection)
Eisenbahn mit Fernverkehr		Main line railway
Zahnradbahn, Standseilbahn		Rack-railway, funicular
Kabinenschwebebahn · Sessellift		Aerial cableway · Chair-lift
Autofähre		Car ferry
Personenfähre		Passenger ferry
Schiffahrtslinie		Shipping route
Naturschutzgebiet · Sperrgebiet		Nature reserve · Prohibited area
Nationalpark, Naturpark · Wald		National park, natural park · Forest
Straße für Kfz gesperrt		Road closed to motor vehicles
Straße mit Gebühr		Toll road
Straße mit Wintersperre		Road closed in winter
Straße für Wohnanhänger gesperrt bzw. nicht empfehlenswert		Road closed or not recommended for caravans
Touristenstraße · Paß		Tourist route · Pass
Schöner Ausblick · Rundblick · Landschaftlich bes. schöne Strecke		Scenic view · Panoramic view · Route with beautiful scenery
Golfplatz · Schwimmbad		Golf-course · Swimming pool
Ferienzeltplatz · Zeltplatz		Holiday camp · Transit camp
Jugendherberge · Sprungschanze		Youth hostel · Ski jump
Kirche im Ort, freistehend · Kapelle		Churches · Chapel
Kloster · Klosterruine		Monastery · Monastery ruin
Schloß, Burg · Schloß-, Burgruine		Palace, castle · Ruin
Turm · Funk-, Fernsehturm		Tower · Radio-, TV-tower
Leuchtturm · Kraftwerk		Lighthouse · Power station
Wasserfall · Schleuse		Waterfall · Lock
Bauwerk · Marktplatz, Areal		Important building · Market place, area
Ausgrabungs- u. Ruinenstätte · Feldkreuz		Arch. excavation, ruins · Calvary
Dolmen · Menhir		Dolmen · Menhir
Hünen-, Hügelgrab · Soldatenfriedhof		Cairn · Military cemetary
Hotel, Gasthaus, Berghütte · Höhle		Hotel, inn, refuge · Cave

Kultur / **Culture**
Malerisches Ortsbild · Ortshöhe — Picturesque town · Height of settlement

Eine Reise wert — Worth a journey
Lohnt einen Umweg — Worth a detour
Sehenswert — Worth seeing

Landschaft / **Landscape**
Eine Reise wert — Worth a journey

Lohnt einen Umweg — Worth a detour
Sehenswert — Worth seeing

5 km

REGISTER

*In diesem Register sind die wichtigsten beschriebenen Orte und Ausflugsziele verzeichnet.
Halbfette Seitenzahlen verweisen auf den Haupteintrag, kursive auf ein Foto.*

Ahrntal 14, 27, 50, **56 ff**.
Aldein 73
Alta Badia 31
Altenburg 16
Altschluderbach 55
Antholzer See 52
Antholzer Tal 52 f.
Antholz-Sexten 29
Bad Altprags 55
Barbian 43, **44**
Boymont (Ruine) 68
Bozen *4*, 5, 6, 13, 15, 17, 19, 23, 25, 27, 30, 31, **34 ff.**, *36*,91, 96
Brixen 5, 14, 16, 17, 19, 31, **40 ff**.
Bruneck 5, 17, 27, 31, **50 ff**.
Burg Reifenstein 47
Burg Sprechenstein 47
Burg Taufers 47, 58
Burggrafenamt 75 ff.
Cortina d'Ampezzo 29, **92**
Corvara 61, **62**
Deutschnofen 39
Dolomiten 8, 9, **14**, 49, 61
Dorf Rein 58
Dorf Tirol 79
Dreikirchen 44
Durnholz 30
Durnholzer Tal 39
Dürrenstein 55
Eisacktal 5, 8, 10, **33 ff**.
Enneberg 61 f.
Eppan 68 f.
Etschtal 5, 8, 9, 10, *66*, **67 ff**.
Fanes-Sennes-Prags 17, 61, **62**
Feldthurns 23, **44**
Fennberg 72
Fischleintal 54
Gadertal 7, 27, 50, **61 ff**.
Gais 56
Gardenazza 62
Geiselsberg 54
Gilfenklamm/Stangl 47
Girlan 67, **69**
Gleiten 81
Glurns 31, *82*, **85**, 94
Gossensaß 46
Graun 72
Gröden/Grödnertal 7, 16, 27, 31, 61, **64 ff**.
Gsieser Tal 22, **53**
Gufidaun 44
Hafling 15, **78**
Hauslabjoch/Schnals 6, **90**
Heilig Geist 57
Hocheppan (Ruine) 68
Innichen 16, 29, 50, **53**,92
Issing 59
Kalterer See 70, *70*
Kaltern *23*,24, 31, 67, **70 f.**,*71*
Karer See **38 f.**,91
Kastelbell-Tschars 85
Kiens 58
Klausen 43
Kloster Marienberg **87**, 94
Kloster Säben 43
Kolfuschg 62
Kortsch 29

Kurtatsch 67, **71 f**.
Laas 85 f.
Laatsch 86
Ladinien 10, 16, 50, **61 ff**.
Lana 31
Langkofel *60*, 64
Langtauferertal 89
Lappach 57
Latsch 86 f.
Lüsener Tal 42
Mals 16, 83, **87**, 94
Margreid 67, **72**
Marling 79
Martelltal 87 f.
Matscher Tal 90
Meran 5, 6, 17, 18, 23, 27, 30, 74, *75*, **75 ff**.
Milland 43
Montan 67
Mühlbach 49, **58 f**.
Mühlwalder Tal 57
Müstair/Schweiz 94
Nals 80
Naturns 16, **88**
Neuhaus (Ruine) 68
Neumarkt 17, 31, **73**
Neustift 42
Niederdorf 53 f.
Oberpustertal 52 ff.
Olang 54
Ortler 8, 83, **88 f.**
Pardell 43, **45**
Partschins 79, 83
Passeiertal *8*, 80 f.
Penser Tal 39
Pfalzen 59
Pfitschtal 47
Pflerschtal 46 f.
Pfossental 90
Pfunderer Tal 59
Planeil 94
Platt 81
Plätzwiese 54
Prad 29, **89**
Prags 54
Pragser Wildsee 54 f.
Prettau 57
Prissian 80
Puez-Geisler 17
Pusterer Sonnenstraße 59
Pustertal 5, 10, 16, 27, **49 ff**., 92
Rasen-Antholz 52
Ratschings 47
Rautal 62
Reinswald 40
Reintal 57
Reschensee 89, **93**
Riesferner Ahr 17
Ritten 9, 10, 23, 31, **38**,
Ritten 23, 29, 67, **71**
Rojental 89
Rosengartengebiet **38 f.**, *39*
Salomonsbrunn 52
Salten 39
Salurn 72 f.
Sand in Taufers 31
Sand in Taufers **58**,96

Sandwirt 81
Sarntal 17, 23, 27, 30, **39 f.**,
Sarnthein 31, **39**
Sasso di Stria 92
Saubach 43 f.
Schlanders 84 f.
Schlern/Schlerngebiet 10, 17, 23, 38, **40**
Schloß Churburg **89**, *89*, 93, 94
Schloß Juval 85
Schloß Lebenberg 79
Schloß Rodenegg 42
Schloß Thurn 63
Schloß Tirol 79, *79*
Schloß Velthurns 44
Schluderbach 92
Schluderns **89 f.**,94
Schnals 31
Schnalstal 90
Sexten 54
Silvestertal 53, **55**
St. Andrä 43
St. Christina/Gr. 23, 64, **65**
St. Johann 57
St. Kassian 63
St. Leonhard 43, **63**
St. Lorenzen 59
St. Martin/Schneeberg 47, **81**
St. Martin im Kofel 86
St. Martin/Thurns 63
St. Pankraz 81
St. Ulrich 64, **65**,*65*
St. Vigil 29, **63**
Sta. Maria im Münstertal 94
Steinhaus 57
Sterzing 14, 29, *33*, **45 f**.
Sterzinger Moos 47
Stilfser Joch **88 f.**, 93
Südtiroler Weinstraße 67
Sulden **90**, 93
Suldental 89, **90**
Taisten 56
Tauferertal/Ahrntal **56 ff**.
Taufers im Münstertal 90, **94**
Terlan 23, 67, **68**
Tierser Tal 39
Tisens 23, **80**
Toblach 29, **55**,*55*, 92
Trafoier Tal 89
Tramin 23, 29, 67, **71**
Trostburg 43, **44 f**.
Trudner Horn 17, **73**
Überetsch 23, **67 ff**.
Ulten/Ultental 81
Untermoi 63
Unterpustertal 58 ff.
Valser Tal 59
Villanders **44**
Vilnöß 45
Vinschgau 9, 23, **83 ff.**,90
Vintl 80
Völlan 23, **80**
Vöran 78
Welsberg 56
Wengen 63 f.
Wipptal 29, **45 f.**
Wolkenstein 29, 64, **65**

Was bekomme ich für mein Geld?

 Die Faustregel für Italien: Mark-Betrag plus drei Nullen (1 Mark = etwa 1000 Lire). Der Begriff Lire wird Lit. abgekürzt.

Ein Espresso kostet etwa 1600 Lire, ein kleines Bier etwa 2500 Lire, ein Glas guter Wein an der Bartheke um 2500 Lire, ein Aperitif (z. B. Campari) etwa 3000 Lire, ein Stück Kuchen etwa 3500 Lire, eine Ansichtskarte 500 Lire (Briefmarke 800, in die Schweiz 900 Lire). Ein Telefongespräch (Ortsgespräch) kostet 200 Lire. Ausländische Zeitungen und Zeitschriften kosten in Italien etwa doppelt soviel wie in ihrem Herkunftsland.

Benzin kostet ungefähr 1,80 Mark pro Liter. Benzingutscheine, nach denen mancher Tourist heute noch fragt, sind allerdings längst abgeschafft.

Daß Italien kein günstiges Reiseland ist und auch eigentlich nie war, ist ja hinlänglich bekannt. Die Touristenzentren nehmen natürlich eine Spitzenstellung ein. Preiswert leben eigentlich nur die Selbstversorger. Die können bei der Ernährung sparen, wenn sie auf den Wochenmärkten oder in den Supermärkten einkaufen. Nudeln und Dosentomaten sind preiswert, Fleisch ist verhältnismäßig teuer, Wein – je nach Qualität – erschwinglich.

DM	Lit	Lit	DM
1	990	100	0,10
2	1.980	500	0,51
3	2.970	1.000	1,01
4	3.960	1.500	1,52
5	4.950	2.000	2,02
10	9.900	5.000	5,05
20	19.800	7.500	7,58
25	24.750	10.000	10,10
30	29.700	20.000	20,20
40	39.600	25.000	25,25
50	49.500	30.000	30,30
60	59.400	40.000	40,40
70	69.300	50.000	50,51
75	74.250	60.000	60,61
80	79.200	70.000	70,71
90	89.100	80.000	80,81
100	99.000	90.000	90,91
250	247.500	100.000	101,01
500	495.000	500.000	505,05
1.000	990.000	1.000.000	1.010,10

Seit 1999 gelten bis zur endgültigen Einführung des Euro die obenstehenden Kurse. Sie sind keinen Schwankungen mehr unterworfen.

Damit macht Ihre nächste Reise mehr Freude:

Die neuen Marco Polo Sprachführer. Für viele Sprachen.

Sprechen und Verstehen ganz einfach. Mit Insider-Tips.

Das und vieles mehr finden Sie in den Marco Polo Sprachführern:
- Redewendungen für jede Situation
- Ausführliches Menü-Kapitel
- Bloß nicht!
- Reisen mit Kindern
- Die 1333 wichtigsten Wörter